CENAS FAMILIARES
PSICODRAMA E IDEOLOGIA

Dados Internacionais de Catalogação na Publicação (CIP)
(Câmara Brasileira do Livro, SP, Brasil)

Reis, José Roberto Tozoni
Cenas familiares, psicodrama e ideologia / José Roberto Tozoni Reis. — São Paulo : Ágora, 1992.

Bibliografia.
ISBN 85-7183-399-0

1. Família — aspectos psicológicos 2. Família — Aspectos sociais 3. Psicodrama 4. Psicoterapia de família I. Título.

92-0564

CDD-616.89156
NLM-WM 430

Índices para catálogo sistemático

1. Família : Técnicas de psicoterapia   616.89156
2. Psicoterapia de família   616.89156

CENAS FAMILIARES
PSICODRAMA E IDEOLOGIA

José Roberto Tozoni Reis

ÁGORA

Copyright © 1991 by José Roberto Tozoni Reis

Nenhuma parte desta publicação poderá ser reproduzida,
guardada pelo sistema "retrieval" ou transmitida de qualquer
modo ou qualquer meio, seja eletrônico,
mecânico, de fotocópia, de gravação
ou outros, sem prévia autorização por escrito da Editora.

Capa:
Edmundo França — *Caso de Criação*

Todos os direitos reservados pela

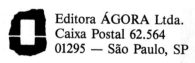

Editora ÁGORA Ltda.
Caixa Postal 62.564
01295 — São Paulo, SP

SUMÁRIO

Apresentação — Alfredo Naffah Neto 7

I — Introdução 9

II — Fundamentos teóricos 21
    1. Considerações sobre ideologia, 21
    2. Ideologia e família, 31
    3. Psicodrama, família e ideologia, 41

III — Análise de casos 53

    Caso 1, 53
    Caso 2, 58
    Caso 3, 66
    Caso 4, 74
    Caso 5, 82
    Caso 6, 90
    Caso 7, 103
    Caso 8, 114

    Considerações finais 123

    Bibliografia 137

APRESENTAÇÃO

Muitas são as pesquisas sobre família e sobre os valores que a instituição propaga e corporifica no processo de construção de subjetividades. Poucas são aquelas, entretanto, que se propõem a olhar esse processo do ângulo da psicoterapia. Uma das vantagens desse tipo de abordagem é, justamente, evitar o perigo de se ficar preso a generalizações teóricas e poder mergulhar na realidade de cada sujeito, de cada processo, de cada família.

No caso presente, é o psicodrama, usado como instrumento de investigação da realidade social, que possibilita esse mergulho. Percorrendo os meandros intrincados de cada sessão terapêutica, extraindo de cada uma delas as representações de mundo aí envolvidas, presentes nas interações, nos discursos, nas redes afetivas, Tozoni vai, pouco a pouco, pintando o quadro da família pequeno-burguesa, seus conflitos, suas contradições, sua ideologia. É também a teoria do psicodrama, calcada na descrição do momento e do acontecimento, que lhe permite o contraponto com o sistema marxista, com os riscos totalizantes que ele, geralmente, encerra. Não é nada fácil assumir como conceito central de pesquisa uma noção como a de *ideologia*, que além de complexa é problemática em muitos aspectos, podendo levar o pesquisador mais ingênuo e imaturo à idealização de uma sociedade ou de uma família capazes de um olhar transparente e "verdadeiro" nas suas formas de interpretação do mundo e de formação de valores de vida. O maior problema prático da noção de *ideologia* é, sem dúvida, o que ela via de regra pressupõe como *não-ideologia*. Todos conhecemos as arbitrariedades e os desmandos que foram praticados sob essa égide nas revoluções socialistas do leste. A Revolução Cultural chinesa é apenas um dos exemplos que poderiam vir à baila nesse sentido.

Entretanto, Tozoni teve desenvoltura suficiente para contornar todos esses riscos. Assumindo o marxismo como sistema teórico aber-

7

to, carregando as boas influências da literatura antipsiquiátrica e dos genealogistas contemporâneos — Foucault, por exemplo —, ele nos dá um bom exemplo de como se pode assumir, com seriedade, uma perspectiva teórica qualquer, quando se conhece os seus perigos. A partir daí, é ler o trabalho e apreender, junto com ele, os conflitos e contradições envolvidos nessa usina de produção de subjetividades que é a família contemporânea. A partir do olhar penetrante e indagador de um psicoterapeuta sensível, inteligente e sério.

Alfredo Naffah Neto
Novembro de 1991

I
INTRODUÇÃO

As famílias costumam aparecer com destaque nos processos de psicoterapia, independentemente da orientação teórica adotada e de ser uma psicoterapia individual ou grupal. Na maioria das vezes a família é vista como motivo de sofrimento. Mas, ao mesmo tempo, é idealizada como o contrário do que mostra sua realidade. Ou seja: ao lado do que ela é concretamente está sempre a idéia do que ela deveria ser: apoio, disponibilidade afetiva, amor incondicional. Sendo esta idéia de família antagônica à realidade vivida, freqüentemente as pessoas são levadas a se ver como doentes, ou como anormais, porque suas famílias não correspondem ao modelo que é tido como padrão de normalidade.

Fora do campo das psicoterapias, a família também tem estado em evidência, a ponto de expressões como "crise familiar", "conflito de gerações", "morte da família" se tornarem de uso cotidiano. Os debates sobre a família freqüentam os mais diferentes ambientes, desde pesquisas acadêmicas até os meios de comunicação de massa, passando por clubes, escolas e igrejas. Para alguns ela é a principal base da sociedade, e por isso é considerada intocável, não pode ser mudada e deve ser preservada a qualquer custo, sob risco da desagregação social. Para outros, é uma fábrica de neuroses, o espaço onde são exercidas as mais cruéis tiranias — enfim, algo a ser combatido. São ambas visões maniqueístas e simplistas, e não permitem uma real compreensão da instituição familiar.

As limitações e preconceitos freqüentemente se revelam também no campo científico que se dedica ao estudo da família. O "espírito de especialização" gerado na tradição científica nascida no século passado tem marcado a maioria desses estudos. Dessa forma, a família é considerada objeto de estudo de uma disciplina específica — seja a Psicologia, a Sociologia ou a Economia —, o que prejudica uma compreensão integrada e globalizada de sua complexa realidade.

Somente nas últimas décadas, com o desenvolvimento da interdisciplinaridade, foi possível pensar o método interdisciplinar como alternativa à especialização no estudo da instituição familiar.[1]

A descontextualização histórica do objeto também tem sido comum nos estudos sobre famílias, o que significa considerá-las abstratamente e não como expressão de uma determinada época. Repete-se assim, com argumentos tirados do repertório "científico", o que é veiculado pela ideologia dentro da própria família: a representação de si mesma como natural e universal — e, portanto, imutável. Assim, o padrão familiar de uma determinada época não é considerado como socialmente produzido, mas como universal. Logo, as famílias que fogem desse padrão são tidas como anormais, erradas, desviantes. Este caminho foi trilhado por Freud: ao mesmo tempo em que desvendou os mecanismos envolvidos na repressão sexual da família burguesa, passou a considerar esta como "a família", consagrando como natural e inevitável a repressão sexual em toda vida familiar.

F. Engels inicia a abordagem da família na tradição marxista ao colocar em destaque as relações de determinação entre a vida econômica e a instituição familiar. Baseando-se nas pesquisas de L. Morgan sobre relações de parentesco nas tribos norte-americanas, Engels conclui que o casamento monogâmico adentrou o cenário histórico puxado pelo aparecimento da propriedade privada. Para ele, a evolução da família se deu no sentido da progressiva restrição das possibilidades de intercurso sexual entre os membros de uma comunidade. Esse percurso foi da total liberdade sexual até o casamento monogâmico, passando por alguns estágios intermediários. A família é o local onde se inicia o processo da divisão social do trabalho. Esse mesmo processo depois é o determinante das alterações da família. Na tosca divisão do trabalho da sociedade primitiva, o homem fica responsável pela acumulação de bens materiais. Na medida em que essa acumulação adquire caráter individual privado cria-se a herança e um problema: como garantir que seja herdada pelo descendente legítimo do homem. Para isso é necessário que a filiação passe de matrilinear a patrilinear e que a mulher exerça sua sexualidade exclusivamente no âmbito do casamento monogâmico. Daí o sentido da virgindade feminina até o casamento e a exclusividade sexual até a morte.[2]

Portanto, Engels aborda a família, a partir de sua inserção nas relações sociais e econômicas, principalmente de seu papel no conflito

---

1. Sobre o método interdisciplinar, ver Cavenacci, Massimo. *Dialética da família*, São Paulo, Brasiliense, 1982. "Introdução", pp. 13-52.
2. Engels, F. *A origem da família, da propriedade privada e do Estado*, Rio de Janeiro, Vitória, 1964.

de classes sociais. Para explicá-lo, desenvolveu um esquema genérico da evolução da estrutura familiar, o qual pensava ser aplicável a todas as situações concretas. No entanto, este rígido esquematismo mostrou-se inviável, após pesquisas posteriores no campo da Antropologia, que mostravam que o percurso preconizado por Engels nem sempre foi seguido nas sociedades estudadas. Apesar disto, *A origem da família, da propriedade privada e do Estado* se tornou importante referência ao abrir caminhos que contribuíram significativamente para o estudo e compreensão da instituição familiar, dentre os quais dois merecem destaque:

O primeiro se refere às articulações entre relações econômicas e modo de organização familiar. Embora o modelo proposto por Engels tenha sido contestado enquanto tentativa de generalização, as evidências de ligações entre casamento monogâmico e propriedade privada se mostraram cada vez mais sólidas tanto na origem quanto na posterior consolidação do modelo familiar burguês. Evidentemente, as relações entre economia e estrutura familiar não podem hoje ser percebidas através da ótica do simplismo e da imediatez. Falar em determinação da família pelas relações econômicas e sociais não significa postular uma relação mecânica entre ambas, de forma que a qualquer alteração em uma delas corresponda uma determinada mudança na outra. Às vezes constatamos que as transformações nas práticas familiares antecedem mudanças nas relações sociais. Em outras ocasiões observamos que importantes transformações sociais não se refletem, de imediato, na organização interna da família. Embora determinada em última instância pelas relações econômicas, a instituição familiar mantém diante delas o que se pode chamar uma relativa autonomia. Essa "relativa autonomia da organização familiar é determinada por uma complexa interação de diversos fatores que se referem tanto às formas peculiares de organização interna do grupo familiar, quanto aos aspectos econômicos, sociais e culturais que o circunscrevem. É por isso que, embora a forma de família predominante em todos os segmentos sociais seja a da família monogâmica burguesa, existem padrões internos que diferenciam as famílias das diferentes classes, assim como padrões que diferenciam formas familiares dentro de uma mesma classe social. Atualmente a classe média urbana apresenta uma grande riqueza na variação de padrões familiares. Ao mesmo tempo que abarca a família caracterizada por um extenso conservadorismo e uma rígida hierarquia interna, abrange também formas mais liberais de vivência familiar que marcam tanto as relações entre os seus membros, quanto um posicionamento mais crítico diante da sexualidade".[3]

---

3. Reis, José Roberto Tozoni. "Família, emoção e ideologia", *in* Lane, Silvia T. M. e Codo, Wanderley (org.), *Psicologia Social — o homem em movimento*, São Paulo, Brasiliense, 1984, pp. 101-102.

Apesar dessa relativa autonomia da organização familiar diante das relações econômicas, ela não pode ser compreendida se não for considerada dentro da trama social e histórica que a envolve.

O segundo ponto se refere à ideologia. Ao relacionar a propriedade privada à família monogâmica e aos padrões de comportamento sexual, Engels adentra um campo que hoje nos abre a possibilidade de compreensão das articulações entre as relações sociais e a vida subjetiva. A intermediação entre essas duas realidades é feita pela ideologia. Um determinado modo de produção consolida uma ideologia dominante que vai prever padrões de conduta para cada um, de acordo com sua posição no conjunto das relações sociais. Engels apontou mas não desenvolveu essa questão e durante muito tempo os temas referentes à subjetividade não foram desenvolvidos na literatura marxista, ou foram até mesmo explicitamente rechaçados. No seio das práticas partidárias, a subjetividade, a partir desta ótica, foi vista como invenção ideológica burguesa. A ideologia foi exaustivamente estudada enquanto produção social, com destaque para as funções por ela desenvolvidas na luta de classe. Mas o limite dessa abordagem sempre foi colocado pela passagem do social para o individual, não podendo portanto desvendar os mecanismos envolvidos na transformação de uma ideologia em valores e práticas assumidos por indivíduos concretos que vivem, amam, odeiam e se neurotizam, e fazem tudo isso inseridos em relações interpessoais e instituições, dentre as quais a família se destaca em termos de importância. Assim, a expressão "modo de produção" passou a ser uma chave mágica para explicar as condutas individuais, sem conseguir seu intento por permanecer no nível genérico e universal.

W. Reich, psicanalista e marxista, propôs a superação de tal impasse, ao tentar entender por que os indivíduos muitas vezes assumiam uma ideologia contrária a seus interesses de classe.[4] Constatou que a família é um local privilegiado no qual a ideologia se transforma em valores e práticas individuais. Verificou também que a repressão sexual ocupa papel de destaque no adestramento ideológico, pela mobilização de processos afetivos que levam à produção de pessoas passivas e conformadas com a ordem dominante.

As referências apontadas fundamentam nossa concepção histórica e social da instituição familiar. Assim, a família não é uma entidade biológica, natural, "mas uma instituição criada pelos homens em relação, que se constitui de formas diferentes em situações e tempos diferentes, para responder às necessidades sociais. Sendo uma

---

4. Reich, W. *Psicologia de masas del fascismo*, Buenos Aires, Latina, 1972.

instituição social, possui também para os homens uma representação que é socialmente elaborada e que orienta a conduta de seus membros".[5]

Como instituição, a família tem duas funções. A primeira refere-se à reprodução. Esta função é econômica no sentido de que é através da reprodução que se garante uma das condições necessárias para a reprodução de um determinado modo de produção. Ao prover as condições para a reprodução, a instituição familiar satisfaz uma necessidade de ordem econômica genérica, que nem sempre é visível em si mesma. Mas, em determinadas situações, as ligações entre os processos econômicos e uma forma específica de organização familiar apresentam uma visibilidade maior; é o caso em que as famílias se constituem como unidade de produção econômica.[6]

A segunda função da família é ideológica. "Isto significa que além da reprodução biológica ela promove também sua própria reprodução social: é na família que os indivíduos são educados para que venham a continuar biológica e socialmente a estrutura familiar. Ao realizar seu projeto de reprodução social, a família participa do mesmo projeto global, referente à sociedade na qual está inserida. É por isso que ela também ensina a seus membros como se comportar fora das relações familiares em toda e qualquer situação. A família é, pois, a formadora do cidadão"[7].

Para cumprir sua função ideológica a família começa por apresentar uma noção ideologizada de si mesma. Essa noção mostra a família como natural e os valores referentes a si mesma como os únicos possíveis, como normais, ou corretos. Depois passa a apresentar da mesma forma o mundo extrafamiliar e todas as relações.

É a família como agente da reprodução ideológica que pretendemos abordar, relacionando o cumprimento desta função com a dinâmica interna do grupo familiar e as vivências por ela determinadas.

Como dissemos inicialmente, é uma contraposição entre uma realidade familiar vivida e uma noção idealizada de família que aparece freqüentemente nos contextos psicoterápicos. Logo, veremos a família tanto como responsável pela reprodução ideológica como representação dessa ideologia que ela veicula. Para isso lançamos mão do psicodrama.

Em função de nosso objetivo, o psicodrama será enfatizado neste contexto menos como procedimento psicoterapêutico do que instru-

---

5. Reis, J. R. T. "Família, emoção e ideologia", p. 102.
6. Ver Brandão, C. R. "Parentes e Parceiros (relações de parentesco entre camponeses de Goiás)", in Almeida, M. S. K., et alii. Colcha de retalhos: estudos sobre a família no Brasil, São Paulo, Brasiliense, 1982.
7. Reis, J. R. T. Op. cit., p. 102.

mento de investigação. Estamos, pois, propondo o estudo das articulações entre família e ideologia como surgem nas sessões de psicodrama, através das técnicas psicodramáticas e dos seus fundamentos teóricos.

Jacob L. Moreno, o criador do psicodrama, o definiu como "a ciência que explora a verdade através de métodos dramáticos".[8] Esta definição aponta para a atitude de pesquisa como constituinte de seu método. Podemos pensar no movimento em que o protagonista se lança em busca de sua verdade existencial. Mas também o psicodrama é um meio de pesquisa das relações interpessoais. Na realidade ele é parte de um universo conceitual bem mais amplo, que é Socionomia. Embora seja mais conhecido como procedimento psicoterápico, e às vezes até mesmo reduzido a um conjunto de técnicas dramáticas, o psicodrama não pode ser pensado fora do sistema socionômico. Podem-se utilizar técnicas psicodramáticas com várias finalidades e isso ocorre com bastante freqüência, mas não é possível fazer psicodrama fora dos referenciais teóricos e metodológicos da Socionomia, sem trair sua proposta.

O que é Socionomia? Moreno a define como "o estudo das leis do desenvolvimento social e das relações sociais".[9] Colocada no campo das relações sociais, a Socionomia não se limita aos aspectos tangíveis das mesmas, mas busca entender como estes se entrelaçam com aquilo que não está diretamente manifesto, mas se faz presente e atuante nas relações interpessoais, ou seja, os vetores afetivos que se encontram em todas as relações humanas. A Sociometria, um dos ramos da Socionomia, investiga exatamente as tensões produzidas pelas diferenciações entre a estrutura formal e a estrutura informal subjacente a todo processo grupal. As vivências subjetivas são portanto entendidas em suas articulações com os processos sociais.

A proposta socionômica tem uma opção metodológica clara, expressa por Moreno em diversos momentos. Ela se posiciona no contexto dos debates que envolvem as Ciências Sociais, e em especial a Psicologia, em relação a objeto e método de pesquisa. Moreno se coloca contrariamente à tentativa de aplicação ao estudo das relações sociais do método desenvolvido nas Ciências Físicas. Para ele, o objeto de estudo é que deve determinar o método. Assim, é impossível realizar investigação social a partir de uma suposta separação radical entre investigador e objeto. As situações estudadas pelo investigador social não podem ser reduzidas ao que é controlável, como pretende o positivismo. A separação entre sujeito e objeto é

---

8. Moreno, J. L. *Psicodrama*, 2ª edição, Buenos Aires, Ed. Hormé, 1972, p. 35.
9. Moreno, J. L. *Psicoterapia de grupo e psicodrama*, São Paulo, Mestre Jou, 1974, p. 39.

impossível, quando o objeto é o próprio homem. "Cada ciência se refere a uma constelação de fatos; possui seus próprios meios para medi-los. Sem instrumentos convenientes de descoberta ou de mensuração uma ciência não poderia existir. A primeira tarefa que cada ciência deve cumprir é a precisa determinação das condições em que se produzem os fatos importantes. Cada ciência tem sua maneira própria de cumprir essas tarefas. As condições em que os fatos físicos e biológicos aparecem são bem conhecidas. Porém é um assunto muito mais complicado avaliar as condições de emergência dos fatos relativos às relações humanas. Só se pode cumprir semelhante empresa de maneira adequada adotando um método verdadeiramente revolucionário. As razões pelas quais existe tanta diferença entre as primeiras realizações das ciências sociais e das ciências físicas não são evidentes de um modo imediato. Como os objetos da ciência física são seres inanimados, o acento recai — antes de tudo — sobre os aspectos mecânicos e físicos da situação. Não podemos esperar que os objetos de nosso estudo — a pedra, o fogo, a Terra e os planetas, o sol e as estrelas — contribuam de algum modo, por si mesmos, para o estudo de sua própria natureza; salvo na mitologia, não lhes atribuímos nem alma nem personalidade ou, pelo menos, não vamos mais longe. Por isso, as relações metafísicas que poderiam existir entre os planetas e as estrelas como atores mitológicos providos de uma alma não têm nada a ver com a ciência física. Por outro lado, o problema não se apresenta de maneira diferente quando se aborda o estudo dos organismos não-humanos, por exemplo quando se fazem experimentos com ratos ou cobaias; ao contrário, o investigador social, aquele que realiza experimento e interpreta os resultados, é um ser humano e não um rato ou uma cobaia. Estes ratos e estas cobaias sobre os quais se experimenta não assumem seu papel por conta própria, como poderiam fazê-los atores humanos. Os desígnios de todos estes experimentos são desígnios humanos e não desígnios de ratos ou de cobaias. Se um poeta, à maneira de Swift, pudesse descobrir os sentimentos que trocam os ratos e a significação, para esses ratos, dos experimentos que os homens fazem com eles, indubitavelmente tal descrição se relacionaria com nossa compreensão artística, porém seria estranha à nossa compreensão científica. Poderíamos dizer aqui que tentamos medir a conduta dos ratos como 'é' para nós e não como é vivida pelos ratos; porém isto não altera as dificuldades metodológicas encontradas na aplicação das mesmas técnicas de observação às relações que unem os homens entre si. Quando se trata de sociedades animais, pode-se admitir que estas se encontrem dadas e fixadas de uma vez para sempre, como são os organismos animais individuais; porém, a sociedade humana não tem nada de um automatismo dado e fixado. Ainda que estreitamente ligada a condições físicas e biológicas, possui uma estrutura cuja criação e desenvolvimento dependem de condições internas e que, em conseqüência, deve-se estudar desde seu interior".[10]

Chegamos pois, através das palavras de Moreno, à posição do investigador social. Só se pode estudar um grupo dele participando. Não é possível conhecer uma estrutura grupal observando-a de fora. Isso somente seria possível a uma metodologia que aceitasse o mito da objetividade e da neutralidade do cientista, que o coloca fora do campo de estudo em oposição ao objeto de estudo, para poder estudá-lo. Só poderia fazê-lo de uma forma mecânica, sem poder perceber as trocas afetivas e espontâneas e o movimento interno do grupo.

A única maneira de estudar a sociedade humana é estudá-la no que ela tem de dinâmica, de movimento, isto é, considerá-la em transformação. Só é possível conhecê-la participando de suas mudanças, dado que ela nunca é estática. Assim a metodologia socionômica opta pela pesquisa-ação. Portanto, o psicodramatista realiza a sua pesquisa participando do grupo, em conjunto com ele, assumindo sua subjetividade e procurando colocar-se como instrumento do projeto grupal: "(...) se o cientista é parte implicada na própria realidade social, ele que se valha da sua posição como uma abertura e estratégia metodológica; se não é nada mais que um sujeito lançado na interioridade e no entrecruzamento de correntes subjetivas isso significa tão-somente que sua posição não o privilegia mais do que aos outros sujeitos implicados e que, nesse sentido, o experimento tem que ser um projeto movido do interior e envolvendo a participação conjunta de todos".[11]

Mas a transformação do investigador em participante não é a única proposta de Moreno. Há também atribuição do papel de investigador a todos os membros do grupo. Para que um experimento se concretize é necessário que todos os membros sejam também investigadores, participando na condução do experimento e na explicitação das vivências grupais. Vejamos como Moreno se refere a tal processo: "Mas ao tornar-se um membro do grupo, você se vê roubado do seu papel de investigador, que é o de estar fora dele, projetando, criando e manipulando o experimento. Não se pode ser um membro do grupo e simultaneamente um 'agente secreto' do método experimental. A saída é dar a cada membro do grupo um *status* de pesquisador, fazer de todos eles experimentadores e procurar entrar em acordo com eles na condução do experimento social...

---

10. Moreno, J. L. *Fundamentos de la Sociometria*, Buenos Aires, Paidós, 1972, pp. 65-66.
11. Naffah Neto, A. *Psicodrama — descolonizando o imaginário*, São Paulo, Brasiliense, 1979, p. 130.

Mas o experimentador, ao abrir mão de sua identidade, o que obteve para a parte lógica de sua pesquisa? Num primeiro momento parece que não obteve nada. Não parece possível que possa organizar, a fim de provar sua hipótese, duas situações controladas e contrastantes, mais facilmente do que podia antes. Mas, socraticamente falando, obteve algo: está tendo experiência *in situ*; está aprendendo. Como um movimento dialético em direção a um método sócio-experimental genuíno de futuro, está realizando um progresso vagaroso, mas real. Em vez de apressar-se na testagem de uma hipótese pela construção rápida de um grupo controle *versus* um grupo experimental, um pseudo-experimento com pseudo-resultados, ele usa de seu tempo para pensar na sua nova situação em toda sua amplitude. Uma hipótese poderia ainda ser verdadeira, embora nunca validada. É melhor esperar até que possa ser verdadeiramente validada, em vez de invalidá-la validando-a prematuramente. Na medida em que o tempo passa, ele se torna cada vez mais ajustado ao seu duplo papel, na medida que o compartilha com cada membro do seu grupo".[12]

A partir das palavras de Moreno podemos concluir que o psicodramatista está constantemente desempenhando o papel de investigador social e estimulando os membros do grupo a assumirem também este papel. Da mesma forma, todo processo psicodramático deve ser considerado um experimento socionômico.

Mas, se a metodologia moreniana mostra-se revolucionária quanto ao estudo e transformação dos grupos no espaço microssociológico, ela perde sua força ao ignorar seus determinantes macrossociológicos. Nesse aspecto, Moreno foi incapaz de perceber os determinantes históricos da sociedade, e por isso sua proposta de transformar a sociedade a partir das transformações de grupos fechados ou localizados fora do circuito da produção econômica acabou por se tornar uma utopia. Foi esse idealismo de Moreno que o impediu de situar o estudo dos grupos no contexto das relações entre classes sociais da mesma forma que o fez desconsiderar a existência de papéis históricos.

Torna-se necessário, pois, dotar o método socionômico de uma visão histórica que permita romper os limites da microssociologia na interpretação de resultados de pesquisa efetuada através do psicodrama. Isto significa considerar os sujeitos em todas as suas dimensões: a psíquica, a grupal, a social e a histórica, situando-os num tempo e espaço historicamente determinados pelas relações entre

---

12. Moreno, J. L. Psychological Organizations of Groups in Community, *Yearbook of Deficiency*, Boston, 1973. Citado por Naffah Neto em *Psicodrama*, p. 131.

classes sociais. E o método que pode complementar a Socionomia e ser por ela complementado neste sentido é o materialismo dialético. Aliás, quando falávamos de alguns princípios socionômicos poderíamos também estar falando do método desenvolvido por Marx. Pois a proposta moreniana de se estudar a sociedade de dentro dela e ao vivo, participando da realidade social e transformando-a, revela uma total convergência com o marxismo.

A metodologia materialista dialética rejeita o estudo da sociedade que se baseia somente nos dados imediatos, como freqüentemente fez a Psicologia, que, para estudar o homem, atomiza-o e dirige sua atenção para as partes consideradas isoladamente, tirando daí explicações para o comportamento humano, que não podem dessa forma superar o mecanismo e o empirismo que as revestem. Aliás, ao assim proceder, a Psicologia está repetindo o que já foi feito no campo da produção material, retalhando o trabalho humano em operações estanques em nome da racionalidade. O materialismo dialético rejeita a imediatez (assim como rejeita a abstração racionalista) porque a realidade social não pode estar imediatamente dada. É necessário partir do imediato, do que se apresenta, a percorrer o caminho inverso de sua constituição, considerando o processo histórico como a totalidade. Foi assim que Marx, partindo do estudo da mercadoria como forma acabada, pôde penetrar nas entranhas da constituição do modo capitalista de produção e colocá-lo a nu, mostrando os princípios que o regem. "Começa-se depois do fato consumado, quando estão concluídos os resultados do processo de desenvolvimento. As formas que convertem os produtos do trabalho em mercadorias, constituindo pressupostos da circulação das mercadorias, já possuem a consistência de formas naturais da vida social, antes de os homens se empenharem em apreender não o caráter histórico dessas formas, que eles, ao contrário, consideram imutáveis, mas seu significado."[13]

Assim, devemos partir do fenômeno manifesto para chegar nos ao que não é mostrado pelos dados imediatos, tomando sempre como referência a história como um todo. É o que nos permite o método materialista dialético: "(...) partir do que é mais abstrato ou mais simples ou mais imediato (o que se oferece à observação), percorrer o processo contraditório de sua constituição real e atingir o conceito como um sistema de mediações e de relações cada vez mais complexas e que nunca estão dadas à observação. Trata-se sempre de começar pelo aparecer social e chegar, pelas mediações reais, ao ser

---

13. Marx, K. *O capital*, livro 1, volume 1, Rio de Janeiro, Civilização Brasileira, s.d., p. 84.

social. Trata-se também de mostrar como o ser social determina o modo como este aparece aos homens".[14]

Estes pressupostos metodológicos nos permitem situar o que é produzido nos contextos grupal e dramático em relação ao contexto social, considerado no processo histórico. Assim, podemos entender a família como instituição social historicamente produzida e que, através da mediação entre a sociedade e o indivíduo, cumpre a função de reproduzir a ideologia dominante. Para isso, ela impõe um conjunto de idéias sobre a realidade social, iniciando por apresentar uma representação ideal sobre si mesma. Essas idéias freqüentemente estão em contradição com a realidade familiar vivida pelos seus componentes. Essa contradição, originada no contexto social, amalgamada com os sentimentos que ela gera, manifesta-se no contexto grupal e se explicita no contexto dramático.

---

14. Chauí, M. *O que é ideologia*, 2ª edição, São Paulo, Brasiliense, 1981, p. 48.

II
FUNDAMENTOS TEÓRICOS

1. Considerações sobre a Ideologia

É necessário que façamos algumas considerações sobre o termo *ideologia*. Não é nosso intuito entrar nas polêmicas referentes à definição do que seja ideologia, por não nos parecer aqui pertinente. Interessa-nos aqui apontar como entendemos a ideologia, porque é aí que se assentará o estudo das chamadas representações ideológicas que se apresentam no contexto da terapia psicodramática. Usaremos basicamente as formulações de Marx, tal como são desenvolvidas por Marilena Chauí, Louis Althusser e Georg Lukács, nas obras que serão citadas.

O termo ideologia foi criado por Destult de Tracy (1754-1836), que lhe atribuiu então o significado de "ciência das idéias, dos estados de consciência".[1] Este significado vai ser substituído por Marx, meio século depois, conforme afirma Althusser: Marx dá ao termo outro sentido, o de "sistema de idéias, das representações que dominam o espírito de um homem ou de um grupo social".[2]

Esta noção genérica de ideologia, que nos esclarece apenas quanto à sua categorização, não é suficiente. Torna-se necessário também considerarmos como a ideologia se constitui, como opera e quais as suas funções.

Antes de mais nada retomemos brevemente as formulações de Marx sobre a gênese da ideologia para depois a situarmos frente à nossa problemática. Assim sendo, a ideologia somente tem função numa sociedade constituída por classes sociais antagônicas. Por isso, sua origem está ligada à divisão do trabalho, que, no início, era

---

1. Vadée, M. *L'idéologie*. 1ª ed., Paris, PUF, 1973, p. 13.
2. Althusser, L. *Ideologia e aparelhos ideológicos do Estado*, Lisboa, Presença, 1974, p. 69.

apenas divisão do trabalho no ato sexual. Nesse momento a família constituía a única forma de relação social, que posteriormente vai se tornar secundária em função do desenvolvimento de novas relações sociais, estabelecidas a partir do aumento da população e de uma intensificação do processo de divisão do trabalho.

Essa divisão, que começa com a divisão do trabalho no ato sexual, expande-se para a divisão de tarefas dentro da família e se estende para todas as relações sociais. Expande-se em seguida para a divisão entre trabalho agrícola e trabalho pastoril, depois entre esses e o comércio, entre as diversas formas do trabalho urbano, até chegar à divisão entre trabalho físico e intelectual. Com a divisão, e conseqüente especialização do trabalho, o homem, que antes produzia todos os bens necessários à sua subsistência, passa agora a produzir apenas uma parte desses bens, passando a ter em excesso o que produz e a ter carência dos bens que não produz, instalando assim o processo de troca. Esse processo de divisão do trabalho acarreta a divisão do produto do trabalho e tem, assim, como corolário a formação da propriedade privada e a posterior divisão da sociedade entre proprietários das condições de produção e não-proprietários, ou seja, trabalhadores, que possuem apenas a força de trabalho. Estas duas categorias constituirão duas classes sociais em cuja contradição vai se fundar a principal característica do capitalismo.

Mas, "a divisão do trabalho se converte em verdadeira divisão a partir do momento em que se separam o trabalho físico e o trabalho intelectual".[3] A partir de então as idéias podem ser apresentadas como autônomas, como se fossem independentes das relações materiais entre os homens. É o que Marx denomina reino da consciência pura.

Ao mesmo tempo em que a gênese da ideologia está determinada pela formação da propriedade privada e pela divisão social do trabalho, sua constituição e manutenção não podem ser vistas dissociadas de dois processos: o aparecimento da mercadoria, que vai se interpor entre os homens em relação, e a formação do Estado.

A divisão social do trabalho e sua conseqüente limitação dos bens produzidos pelos indivíduos para sua própria subsistência, como dissemos acima, inicia o homem no processo de troca do excedente produzido por outros produtos necessários que ele não produz mais. O produto do trabalho humano se converte então em mercadoria: algo que ele produz não para consumir, mas para ser colocado no mercado, ao mesmo tempo em que o produto do trabalho lhe é expropriado. Temos aqui o início da primeira e principal forma de alienação:

---

3. Marx, K. e Engels, F. *La ideologia alemana*, Buenos Aires, Ed. Pueblos Unidos, 1973, p. 32

a alienação do trabalho, ou seja, a desvinculação entre produtor e produto do trabalho, que é lançado anonimamente no mercado. "O trabalho alienado é aquele no qual o produtor não pode reconhecer-se no produto de seu trabalho, porque as condições deste trabalho, suas finalidades reais e seu valor não dependem do próprio trabalhador, mas do proprietário das condições de trabalho."[4] Na alienação do trabalho está a origem das outras formas de alienação (política, religiosa, psicológica, etc.).

Por não se reconhecer no produto de seu trabalho, o homem atribui a ele um poder fantasmagórico, percebendo-o não como determinado pelas relações sociais, mas determinando essas relações. É esse o processo que Marx denomina de fetichismo da mercadoria. Nada melhor do que suas palavras para explicá-lo:

"O caráter misterioso que o produto do trabalho apresenta ao assumir a forma de mercadoria, donde provém? Dessa própria forma, claro. A igualdade dos trabalhos humanos fica disfarçada sob a forma de igualdade dos produtos do trabalho como valores; a medida, por meio da duração, do dispêndio da força humana de trabalho toma a forma de quantidade de valor dos produtos do trabalho; finalmente, as relações entre os produtores, nas quais se afirma o caráter social dos seus trabalhos, assumem a forma de relação social entre os produtos do trabalho.

"A mercadoria é misteriosa simplesmente por encobrir as características sociais do próprio trabalho dos homens, apresentando-as como características materiais e propriedades sociais inerentes aos produtos do trabalho; por ocultar portanto a relação social entre os trabalhos individuais de produtores e o trabalho total, ao refleti-la como relação social existente, à margem deles, entre os produtos do seu próprio trabalho. Através dessa dissimulação, os produtos do trabalho tornam-se mercadorias, coisas sociais, com propriedades perceptíveis e imperceptíveis aos sentidos. A impressão luminosa de uma coisa sobre o nervo ótico não se apresenta como sensação subjetiva desse nervo, mas como forma sensível de uma coisa existente fora do órgão da visão. Mas, aí, a luz se projeta realmente de uma coisa, o objeto externo, para outra, o olho. Há uma relação física entre coisas físicas. Mas a forma mercadoria e a relação de valor entre os produtos do trabalho, a qual caracteriza essa forma, nada tem a ver com a natureza física desses produtos nem com as relações materiais decorrentes. Uma relação social definida, estabelecida entre os homens, assume a forma fantasmagórica de uma relação entre coisas. Para encontrar um símile, temos de recorrer à região nebulosa

---

4. Chauí, M. *O que é ideologia*, p. 55.

da crença. Aí, os produtos do cérebro humano parecem dotados de vida própria, figuras autônomas que mantêm relações entre si e com os seres humanos. É o que ocorre com os produtos da mão humana, no mundo das mercadorias. Chamo a isto de fetichismo, que está sempre grudado aos produtos do trabalho, quando são gerados como mercadorias. É inseparável da produção de mercadorias".[5]

A transformação da mercadoria em fetiche — descoberta por Marx, origem da alienação — concretiza a forma básica de como a ideologia vai representar as relações sociais, que passam a ser vistas como sendo determinadas por aquilo que, na realidade, são seus próprios produtos.

Mas o fetiche da mercadoria não pára aí. Com a ampliação das relações capitalistas de produção, que significa a irradiação das relações mercantis por toda a sociedade, consolida-se o que Georg Lukács denominou processo de reificação da existência.[6]

Como as relações entre os homens se transformam em relações entre coisas (produtos do trabalho humano), "o homem se enfrenta com sua própria atividade, com seu próprio trabalho, como sendo algo objetivo, independente dele, como sendo algo que o domina por obra de leis alheias ao humano. E isto ocorre tanto do ponto de vista objetivo quanto subjetivo. Ocorre objetivamente no sentido de que surge um mundo cristalizado de coisas e relações reificadas (o mundo das mercadorias e de seu movimento no mercado) cujas leis, ainda que paulatinamente vão sendo conhecidas pelos homens, se lhes contrapõem sempre como poderes invencíveis, autônomos em sua atuação. (...) E subjetivamente, porque numa economia mercantil completa, a atividade do homem objetiva-o em relação a ele, converte-o em mercadoria que, submetida à objetividade não-humana de algumas leis naturais da sociedade, tem que executar seus movimentos com a mesma independência em relação ao homem que apresenta qualquer bem para a satisfação das necessidades, convertido em coisa mercadoria".[7]

Essa reificação das relações humanas só se torna possível pelo caráter de universalidade atribuída à mercadoria. Essa universalidade é que permite a abstração do trabalho humano, transformando-o em coisa, em mercadoria. Ora, os produtos do trabalho humano são qualitativamente diferentes. Ao se transformarem em mercadorias é que podem ser considerados formalmente iguais, intercam-

---

5. Marx, K. *O capital: crítica da economia política*, Rio de Janeiro, Civilização Brasileira, s.d., livro 1, vol. 1, p. 80-81.
6. Lukács, G. *Historia y consciencia de clase*, Barcelona, Grijalbo, 1975. (Coleccion Instrumentos).
7. *Id., ibidem*, pp. 127-128.

biáveis. Logo, sua objetividade de mercadoria é dada pelo fato de que objetos qualitativamente diferentes são considerados formalmente iguais.

Ou seja, a abstração do trabalho permite que ele seja medido com exatidão cada vez maior — como tempo de trabalho socialmente necessário. Isso permite que o processo de trabalho passe por uma progressiva "racionalização", o que significa sua decomposição em operações cada vez mais parciais (abstratamente racionais) mecanizando as atividades do trabalhador e rompendo sua relação com o produto do trabalho como um todo. Essa tendência, que se instaura com a industrialização e se intensifica com os sucessivos progressos tecnológicos (favorecem até o desenvolvimento de uma "engenharia humana"), tem o seu auge nas linhas de montagem, quando o papel do trabalhador se reduz a repetir algumas poucas operações totalmente mecanizadas.

Essa racionalização implica a eliminação das propriedades qualitativas, individuais do trabalhador (que passam a ser consideradas como meras fontes de erros e por isso como indesejáveis ao processo de produção), e se concretiza na especialização. "Assim desaparece o produto unitário como objeto do processo de trabalho. O processo se converte numa conexão objetiva de sistemas parciais racionalizados, cuja unidade está determinada de um modo puramente calculista e os quais, portanto, têm que apresentar-se como reciprocamente casuais."[8]

Além disso, "essa decomposição do objeto da produção significa ao mesmo tempo e necessariamente a separação de seu sujeito".[9] A conseqüência dessa racionalização é que o trabalhador já não aparece mais como o verdadeiro portador do processo de trabalho, mas como uma parte mecanizada, inserida num sistema mecânico que ele encontra já pronto e cujo funcionamento se dá independente de sua ação e a cujas leis deve submeter-se. Assim, paulatinamente, a atividade do trabalhador vai-se convertendo numa atitude contemplativa diante de processos que lhe parecem imutáveis e frente aos quais ele se sente totalmente impotente. Essa subordinação à racionalidade mecânica não deixa imune a personalidade do trabalhador: suas "qualidades psicológicas separam-se de sua personalidade total, objetivam-se face a ele (processo de trabalho), visando a inseri-las em sistemas racionais especializados e reduzi-las ao conceito calculístico".[10] Vale a pena mais uma vez tomar as palavras de Lukács, que sintetizam a culminância desse processo: "Por um lado, por causa de seu trabalho parcial mecanizado, a objetivação de sua força de

---

8. Lukács, G. *Historia y consciencia de clase*, p. 130.
9. *Id., ibidem*, p. 130.
10. *Id., ibidem*, p. 129.

trabalho se converte em realidade cotidiana permanente e insuperável, face a sua personalidade total, consumando o processo iniciado com a venda dessa força de trabalho como mercadoria, de tal modo que também neste ponto a personalidade se degrada a ser espectadora impotente do que ocorre com a sua própria existência de partícula solta inserida num sistema alheio. Por outro lado, a decomposição mecânica do processo de produção separa também os vínculos que na produção 'orgânica' uniam os sujeitos singulares do trabalho em uma comunidade. A mecanização da produção faz deles, também deste ponto de vista, átomos isolados abstratos, os quais não são mais co-partícipes de um modo orgânico imediato, por seus rendimentos e atos de trabalho, mas sim sua coesão depende cada vez mais exclusivamente das leis abstratas do mecanismo em que estão inseridos e que medeia suas relações".[11] Esse efeito da forma de organização da empresa industrial só se torna possível porque se manifesta em toda a estrutura da sociedade capitalista.

Chegamos então ao ponto em que o homem, no processo de seu trabalho, não mais percebe as próprias condições do processo de que ele faz parte, e nem a sua própria condição de produtor. É por isso que o capital pode aparecer então apenas como gerador de capital, escondendo sua origem. A relação social se consuma como relação de coisa, dinheiro, consigo mesma. Não é o dinheiro transformado em capital que se mostra, mas sua forma sem conteúdo. Ele se apresenta não como capital em função, mas como capital em si, capital dinheiro, que preside às relações sociais.

A descrição do processo de reificação da existência mostra-nos como as relações reais entre os homens dão origem à ideologia em sua forma imediata. Desse processo decorrem todas as outras formações ideológicas que reforçam a postura contemplativa do homem e o sentimento de impotência diante das condições de vida. A sua forma de apresentar as relações sociais é a de colocar sempre suas determinações como transcendentes às próprias relações. Por isso ganham sentido as entidades abstratas como Família, Deus, Nação, Moral, Organização, etc.

A reificação da existência consolida o que Marx havia denominado de estranhamento, provocado pela propriedade privada e que é engendrado pela práxis social. Este estranhamento se produz tanto na burguesia quanto no proletariado, mas é sentido de forma diferente por cada uma dessas classes. Enquanto para a burguesia corresponde a algo de que ela se beneficia, para o proletariado ele significa um empecilho, algo que deve ser superado pela sua ação.

---

11. Lukács, G. *Historia y consciencia de clase*, pp. 131-132.

Até agora tentamos mostrar o processo de divisão de trabalho como determinante da constituição das classes sociais e do caráter antagônico entre elas e, ao mesmo tempo, da constituição e manutenção da ideologia. Seria necessário também situarmos neste contexto o Estado, um outro produto do mesmo processo. O Estado é um instrumento necessário à reprodução das condições de produção, sem a qual um modo de produção não pode subsistir.[12] Ele é constituído a partir da luta de classes para perpetuar a exploração econômica e dominação política da burguesia. Por isso, ele desenvolve uma ação repressiva contra as classes dominadas e é sempre gerenciado por membros da classe dominante ou seus representantes. No entanto, para que sua ação ganhe mais eficiência é necessário que seu caráter repressivo das ações da classe dominada seja dissimulado. Essa dissimulação é executada pela ideologia, que apresenta o Estado como o representante dos interesses coletivos, como a entidade que resolve as contradições entre os interesses de classe. A sociedade é apresentada como dividida entre interesses particulares e interesses coletivos e não como dividida em classes sociais. O Estado é apresentado, pois, não em sua essência, como um produto da luta de classes, mas como algo transcendente a ela. Exatamente por se apresentar como acima dos conflitos sociais é que o Estado tem como instrumento de ação o Direito. A ordem jurídica burguesa é apresentada como sendo a verdadeira encarnação da justiça para todos os homens, e não como realmente é, perpetuadora e protetora da propriedade privada. "O papel do Direito ou das leis é fazer com que a dominação não seja tida como uma violência, mas como legal, e por ser legal e não violenta deve ser aceita. A lei é direito para o dominante e dever para o dominado. Ora, se o Estado e o Direito fossem percebidos nessa sua realidade real, isto é, como instrumentos para o exercício consentido da violência, evidentemente ambos não seriam respeitados e os dominados se revoltariam. A função da ideologia consiste em impedir essa revolta fazendo com que o legal apareça para os homens como legítimo, isto é, como justo e bom."[13]

É pelo Direito que a "racionalidade" econômica (que abstrai, mede, igualiza e classifica o trabalho) pode se espalhar por toda a sociedade. O Direito vai submeter todas as relações sociais aos mesmos procedimentos a que foram submetidas as relações entre os homens no próprio processo de produção. "Produz-se uma sistematização racional de todas as regulações jurídicas da vida, a qual, por

---

12. Cf. Althusser, L. *Ideologia e aparelhos ideológicos do Estado*, Lisboa, Presença, 1974.
13. Chauí, M. *O que é ideologia*, pp. 90-91.

um lado e ao menos tendencialmente, representa um sistema fechado e aplicável a todos os casos imagináveis e possíveis."[14]

Se o Estado e o Direito, ambos originários das relações sociais entre classes em luta, são instrumentos para se perpetuar a dominação política, se usam para isso a repressão política e, ao mesmo tempo, a negação de sua origem, só podem assim fazê-lo por terem a complementá-los a ideologia.

A ideologia atua de forma menos visível que o Estado e por isso é mais difícil identificá-la em suas funções de manutenção da exploração e da dominação. As diferentes classes sociais representam para si mesmas um modo de sua existência, tal como é vivido na imediatez. Apesar de cada classe elaborar essa representação de si mesma, a ideologia dominante em cada época é a ideologia da classe dominante. "As idéias dominantes nada mais são do que a expressão ideal das relações materiais dominantes, as relações materiais dominantes concebidas como idéias; portanto, a expressão das relações que tornam uma classe dominante; portanto, as idéias de sua dominação."[15]

A classe que detém o controle das condições de produção material detém também o controle da produção e da distribuição das idéias. Para isso são usadas as diversas instituições sociais como família, religião, escola, meios de comunicação social. A ideologia tem, portanto, uma função "educativa" que busca assegurar a submissão dos dominados às normas da ordem estabelecida. "A ideologia é um conjunto lógico, sistemático e coerente de representações (idéias e valores) e de normas ou regras (de conduta) que indicam e prescrevem aos membros da sociedade o que devem pensar, o que devem valorizar, o que devem sentir, o que devem fazer e como devem fazer."[16] A ideologia é, portanto, sempre autoritária porque ela se outorga o direito de falar sobre o real como uma fala verdadeira, ao mesmo tempo em que define as circunstâncias em que fala, é ouvida. É o que M. Chauí denomina de discurso competente, que encontra sua concretização plena no discurso da racionalidade burguesa: "(...) não é qualquer um que pode dizer a qualquer outro qualquer coisa em qualquer lugar e em qualquer circunstância. O discurso competente confunde-se, pois, com a linguagem institucionalmente permitida ou autorizada, isto é, com um discurso no qual os interlocutores já foram previamente reconhecidos como tendo o direito de falar e ouvir, no qual os lugares e as circunstâncias já foram predeterminados para que seja permitido falar e ouvir e, enfim, no qual o conteúdo

---

14. Lukács, G. *Historia y consciencia de clase*, p. 139.
15. Chauí, M. *O que é ideologia*, p. 93.
16. *Id., ibidem*, p. 113.

e a forma já foram autorizados segundo os cânones da esfera de sua própria competência".[17]

Vimos até aqui que a ideologia, constituída pela dinâmica da luta de classes, tem como função primordial a manutenção da dominação política da burguesia e a exploração econômica. Como atua a ideologia para atingir esse objetivo?

Em primeiro lugar ela nega sua própria origem, isto é, nega a constituição da sociedade em classes antagônicas e a dominação de uma delas; para isso apresenta a sociedade como composta por classes sociais não antagônicas, como se a existência das classes fosse um mero acidente histórico e não uma condição intrínseca à sociedade. É nesse momento que a ideologia substitui o real pela idéia do real, ou o ser social pelo aparecer social. Isso ocorre num momento em que o discurso do social e do político se transformam num discurso sobre o social e sobre o político. "A partir do momento em que os sujeitos sociais e políticos deixam de contar com o anteparo de um saber e de um poder anteriores e exteriores à sua práxis, capazes de legitimar a existência de certas formas de dominação, as representações desses mesmos sujeitos, detidas no aparecer social e determinadas pela separação entre trabalho e pensamento, irão constituir o pano de fundo sobre o qual pensarão a si mesmos, pensarão as instituições, as relações de poder, a vida cultural, a sociedade e a política no seu todo. É elaborado assim um discurso que partindo do discurso social (o discurso do social) e do discurso político (o discurso da política) se transforma num discurso impessoal *sobre* a sociedade e *sobre* a política. Essa passagem do discurso *de* para o discurso *sobre* constitui o primeiro momento na elaboração da ideologia."[18]

Nessa sua tarefa de identificar o real com o discurso sobre o real, escamoteando assim não só a luta de classes, mas também a origem da alienação na divisão social do trabalho, bem como a sua própria origem, a ideologia realiza a substituição dos dominantes pelas idéias dominantes e com isso faz crer que essas idéias, apresentadas como verdadeiro Conhecimento, representam efetivamente a realidade que quer esconder. Para tanto a ideologia lança mão freqüentemente de duas operações: a universalização abstrata e a naturalização do histórico. Pela primeira operação, ela apresenta as idéias da classe dominante como sendo universais e os interesses dessa classe como se fossem interesses de toda a sociedade. Por isso a noção de liberdade bur-

---

17. Chauí, M. "O discurso competente", *in*: —. *Cultura e democracia: o discurso competente e outras falas*, São Paulo, Moderna, 1981, p. 7.
18. *Id., ibidem*, pp. 18-19.

guesa (liberdade de mercado) é generalizada para poder ser assumida por todos. O mesmo ocorre com as idéias de unidade nacional, como se a nação estivesse acima da luta de classes. Nesse sentido, a ideologia oferece a noção de identidade social, colocando todos os homens como membros de uma mesma comunidade e negando as contradições de classes. O mesmo ocorre com a idéia de Estado, com a qual a ideologia substitui a realidade do Estado, colocando-o como a instância de superação do confronto dos interesses particulares, substituindo os interesses de classes por interesses coletivos. Da mesma forma ela promove outros referenciais identificadores de todos e para todos (a Humanidade, a Igualdade, a Justiça, etc.).

Outra forma de ação da ideologia é pela naturalização do que é histórico. Tudo o que na vida real implica a contrariedade dos interesses dos dominados (sofrimento, pobreza, humilhação) é apresentado pela ideologia como natural e, pois, inevitável. A exploração é vista como natural assim como a impossibilidade de removê-la.

É por isso que a ideologia é lacunar; isto é, seu discurso sobre a realidade nunca é um discurso completo, que vai até às últimas conseqüências. Ele apresenta sempre alguns brancos, que não podem ser preenchidos, porque seu preenchimento destruiria sua coerência interna e o faria perder seu caráter de ideologia. A sua coerência não se mantém apesar dessas lacunas, mas mantém-se exatamente por sua presença. "Ela é coerente como ciência, como moral, como tecnologia, como filosofia, como religião, como pedagogia, como explicação e como ação apenas porque não diz tudo e não pode dizer tudo. Se dissesse tudo, se quebraria por dentro."[19] É por isso também que ela não pode explicitar sua própria origem, porque ao fazê-lo estaria mostrando exatamente aquilo que pretende esconder. A ideologia se apresenta sempre como não ideológica, pretendendo-se como conhecimento verdadeiro.

Exatamente por ser o que quer esconder é que a ideologia não tem história. Dizer que a ideologia não tem história significa negar que sua evolução se dá a partir das contradições dentro de si mesma; significa afirmar que sua força motriz está fora dela, ou seja, nas relações sociais entre os homens que a produzem. Quando uma ideologia muda sua forma, isto ocorre não por causa de sua evolução interna, mas porque corresponde a uma mudança nas condições reais de vida dos homens, nas relações concretas entre estes.

Se a ideologia é um instrumento de dominação que imobiliza o dominado e o faz sentir-se impotente diante do mundo que o cerca, como pode ela manter-se sob a forma de uma força quase impos-

---

19. Chauí, M. *O que é ideologia*, p. 115.

sível de ser vencida? O que a torna objetivamente possível é a alienação do trabalho que se origina na transformação do produto do trabalho humano em mercadoria, ou seja, em coisa e que também aliena a consciência do produtor. A ideologia é possível pelo "fato de que no plano da experiência vivida e imediata, as condições reais de existência social dos homens não lhes apareçam como produzidas por eles, mas ao contrário, eles se percebem produzidos por tais condições e atribuem a origem da vida social a forças ignoradas, alheias às suas, superiores e independentes (deuses, Natureza, Razão, Estado, destino, etc.), de sorte que as idéias cotidianas dos homens representam a realidade de modo invertido e são conservadas nessa inversão, vindo a constituir os pilares para a construção da ideologia".[20]

A ideologia ocupa, portanto, o campo do imaginário "no sentido de conjunto coerente e sistemático de imagens e representações tidas como capazes de explicar e justificar a realidade".[21] Apresentando-se como uma "rede imaginária de idéias e valores que possuem base real (a divisão social), mas de tal modo que essa base seja reconstruída de modo invertido e imaginário",[22] a ideologia passa a uma dimensão pessoal como um conjunto de representações sobre si mesmo, sobre o mundo no qual o indivíduo se insere e sobre as instituições que ancoram essa inserção. Entre estas, a família tem especial destaque por sua importância para a vida afetiva de seus membros.

2. IDEOLOGIA E FAMÍLIA

Um estudo do grupo familiar, a partir do materialismo dialético, necessariamente nos conduzirá a duas funções importantes da família como instituição: função econômica e função de reprodução e manutenção da ideologia. É sob este último aspecto que nos interessa considerá-la.

Antes de mais nada situemos historicamente a família. Como todas as instituições, a família tem a sua organização determinada pela forma como os homens entram em relação entre si, em cada período histórico. A família, no seio da qual se iniciou o processo da divisão do trabalho, vai se desenvolver e se transformar, acompanhando o aprofundamento do mesmo. Podemos afirmar que a família, ao mesmo tempo em que é produzida historicamente pelas relações entre as classes sociais, tem por função última perpetuar essas relações através da reprodução da ideologia.

---

20. Chaui, M. *O que é ideologia*, pp. 86-87.
21. *Id., ibidem*, p. 19.
22. *Id., ibidem*, pp. 103-104.

É na família que se dá o início do processo educativo que prepara o indivíduo para ser um cidadão, isto é, para servir ao Estado. No contexto familiar, a criança aprende as normas do bom comportamento, que deve seguir não apenas em relação à própria família, mas em todas as suas relações sociais.

Althusser, ao descrever as instituições usadas pelo Estado na manutenção da dominação política, considera a família como um importante aparelho ideológico, embora afirme ser a escola o aparelho ideológico do Estado mais utilizado pela burguesia.[23] Não resta dúvida sobre a eficiência do aparelho ideológico escolar, que permite uma ação racional e organizada do Estado na reprodução da ideologia dominante, mas a ação da escola somente é eficiente porque vai atuar sobre as bases da ideologia já estabelecidas pela família. Sem nenhuma dúvida, do ponto de vista do indivíduo, a atuação familiar é vivida mais intensamente, sendo portanto mais poderosa para o exercício da subordinação ideológica, porque atua desde o início da vida — período em que as vivências emocionais são bastante marcantes e estruturam de forma profunda a personalidade dos indivíduos. É através da família que a criança aprende a se ver e a ver o mundo. No processo da educação dos filhos, a família apresenta tanto o mundo externo quanto a si mesma segundo os cânones da ideologia dominante, forma necessária para o cumprimento de sua função. Podemos falar, portanto, em ideologia familiar para nos referirmos aos modelos usados pela família para se representar e também para representar suas relações com o mundo externo a si.

Quando falamos da família contemporânea estamos falando da família burguesa, que representa hoje o tipo dominante de organização familiar. Isto significa que a família burguesa, como modelo estrutural, é assumida, em maior ou menor grau, por todas as classes sociais. Ao contrário de outros modelos históricos de família, a família burguesa é a família nuclear, composta de pais e filhos, no seio da qual as relações afetivas entre os membros são bastante intensas — e cuja autoridade se concentra na figura paterna.

Embora se possa falar em família burguesa, e defini-la pela estrutura acima descrita, não se pode fazer dela uma universalização absoluta, pois, embora predominante nas sociedades capitalistas, essa estrutura apresenta algumas variações que implicam em diferentes formas específicas assumidas pela organização familiar nos diferentes estágios do desenvolvimento capitalista. Marcuse, por exemplo, aponta uma descentralização das funções da família nas sociedades capitalistas mais avançadas, que ele qualifica como um aperfeiçoa-

---

23. Cf. Althusser, L. *Ideologia e aparelhos ideológicos do Estado*, pp. 59-60.

mento dos mecanismos de dominação. Se a família burguesa clássica criava a submissão, criava também a revolta que se expressava no inconformismo e na luta contra o pai e a mãe, alvos facilmente identificáveis como agentes da dominação. Na civilização madura "a dominação torna-se cada vez mais impessoal, objetiva, universal e também cada vez mais racional, eficaz e produtiva".[24] O que antes era função quase exclusiva da família é hoje disseminado por uma vasta gama de agentes sociais, que vão desde a pré-escola até os meios de comunicação de massa, que se utilizam da persuasão na imposição de padrões de comportamento, veiculados como normais, dificultando a identificação do agente repressor. Mas isso não significa que a família já seja dispensável. Embora atuando integralmente na estratégia global da dominação, ainda é no seu seio que se prepara o indivíduo para receber a ação dos agentes sociais, reconhece Marcuse: "Certo, o pai, como páter-famílias, ainda desempenha a arregimentação básica dos instintos que prepara o filho para a mais-repressão por parte da sociedade, durante a vida adulta. Mas o pai desempenha essa função como representante da posição da família na divisão social e não como o possuidor da mãe".[25]

No que se refere ao estudo psicológico das famílias, a partir da década de cinqüenta foram iniciadas algumas importantes pesquisas sobre a dinâmica interna de grupos familiares. Nos Estados Unidos, um grupo interdisciplinar de pesquisadores, formado por antropólogos, psiquiatras e terapeutas familiares, se dedicou ao estudo dos padrões de comunicação envolvidos nas interações familiares. As pesquisas realizadas permitiram romper com a tradição psiquiátrica que considerava a esquizofrenia como uma doença intrapsíquica, para situá-la no campo da interação interpessoal. Formularam uma teoria da esquizofrenia baseada nas análises das comunicações presentes nos grupos familiares de pacientes diagnosticados como esquizofrênicos. Uma de suas importantes descobertas foi a presença constante nesses processos de comunicação de um padrão que denominaram "duplo vínculo". O duplo vínculo é uma forma de interação que se repete entre duas ou mais pessoas, das quais uma é a vítima, isto é, o que é ou virá a ser esquizofrênico. Ele implica em: a) uma instrução negativa primária; b) uma instrução secundária, em nível mais abstrato e que contradiz a primeira; c) uma instrução negativa terciária que proíbe a vítima de escapar do campo, inclusive de denunciar a contradição entre as duas primeiras instruções.[26]

---

24. Marcuse, H. "A dialética da civilização", *in*: *Eros e civilização*: *uma interpretação filosófica do pensamento de Freud*, Rio de Janeiro, Zahar, 1972, Parte I, cap. 4, p. 91.
25. *Id., ibidem*, pp. 91-92.
26. Bateson, G.; Jackson, D. D. e Weakland, J. H. "Hacia una teoria de la esquizofrenia", *in*: Bateson, G. *et alii*. *Interaccion familiar*, Buenos Aires, Tiempo-Contemporáneo, 1974.

Quase ao mesmo tempo se iniciava na Inglaterra o movimento que veio a ser conhecido como antipsiquiatria. Laing e Cooper, seus iniciadores, também pesquisaram a dinâmica familiar de pacientes psiquiátricos e concluíram que a gênese das psicoses estava associada às estruturas de relacionamento intrafamiliares. Desenvolveram estudos que demonstraram os mecanismos de atuação da família usados na reprodução da ideologia e da dominação. Mostraram também que a atuação da família se dá de forma articulada com outros agentes sociais, especificamente com os serviços psiquiátricos. Afirmaram que, muitas vezes, a conduta psicótica é a única resposta que o indivíduo consegue dar ao ardil engendrado pelo jogo familiar. Também demonstraram o processo de invalidação a que a família submete aquele que não se comporta de acordo com os padrões de normalidade ideologicamente estabelecidos. Esse processo é ratificado pela psiquiatria, que lhe dá um caráter "científico". Laing demonstrou a existência de um código de conduta familiar composto de regras e meta-regras; por exemplo, existem regras que proíbem a modificação ou mesmo o questionamento de um valor e uma meta-regra que proíbe que a existência da regra seja denunciada.

Entre os trabalhos mais recentes merece destaque o de Max Poster.[27] Para ele, a família moderna teria nascido nos meados do século XVIII, na Europa, como forma de organização familiar da burguesia. Ele analisa os quatro tipos de família desenvolvidos na Europa nos últimos séculos: a família aristocrática, a camponesa, a burguesa e a proletária. A família burguesa foi a que subsistiu, tendo as outras classes sociais assumido o modelo familiar da burguesia. Aliás, Poster afirma que a família proletária, surgida no começo da industrialização, organizou-se inicialmente segundo modelos próprios, os quais conservavam algumas características da família camponesa, de onde provinha a grande massa dos novos trabalhadores urbanos. Nessa época, a família proletária, ao contrário da família burguesa, mantinha formas comunitárias de organização, o que lhe permitia enfrentar as condições de vida totalmente adversas. Com isso o poder paterno era mais fraco do que seu correspondente da família burguesa, mesmo porque não havia a propriedade na qual basear a autoridade do pai proletário. O padrão emocional da família de classe trabalhadora na primeira metade do século XIX era bastante distinta do modelo burguês. O treinamento de hábitos higiênicos e o controle genital eram negligenciados. A sobrecarga de trabalho nas fábricas impedia que os pais proletários elegessem o treinamento moral de seus filhos como tarefa prioritária. Estes "defrontavam-se muito

---

27. Poster, Max. *Teoria crítica da família*, Rio de Janeiro, Zahar, 1979.

menos com a autoridade onipresente de pais preocupados apenas em modelarem a natureza moral dos filhos do que com uma sociedade indiferente que os tratava com brutalidade e pouco ou nada lhes prometia em troca. Não se pode esperar o desenvolvimento de um superego forte, de uma personalidade anal compulsiva e de um corpo reprimido nessa geração de jovens da classe trabalhadora. Tampouco se pode esperar, provavelmente, encontrar entre eles o superego orientado pela vergonha que caracterizava o campesinato".[28]

Mas, um século depois, a família proletária começou a assemelhar-se à família burguesa; isso significou, entre outras coisas, a valorização da privacidade doméstica, a diferenciação de papéis sociais sexuais dentro da família, o controle dos filhos e a preocupação com sua educação. Esse aburguesamento da família proletária foi acompanhado de um progressivo aumento do autoritarismo e do conservadorismo.

As modificações sofridas pela família em sua história devem ser consideradas no quadro mais amplo da luta de classes. Isto significa que a estratégia familiar nunca é traçada por ela mesma, mas pelo jogo de interesses que a transcendem. Nesse sentido, parece-nos importante apontar alguns aspectos do estudo de Jurandir Freire Costa sobre as transformações por que passou a família colonial brasileira.[29]

No Brasil colônia, principalmente durante a estadia da corte portuguesa no Brasil (início do século XIX), desenvolveu-se uma oposição entre o Estado colonial e a família senhorial brasileira: o Estado absoluto tinha seu poder de intervenção barrado às portas das casas, não lhe sendo permitido administrar nem legislar sobre a privacidade doméstica. A partir da Independência e principalmente após a Abdicação, a economia brasileira passou a ter os seus rumos sintonizados com os interesses do capitalismo europeu. Essa nova situação exigia um fortalecimento do Estado e um adestramento de todos os indivíduos, em função dos novos interesses sociais, o que seria difícil de conseguir sem a colaboração ativa da família. Era necessário preparar cidadãos patriotas que servissem adequadamente à nação, obedecendo aos desígnios do Estado. Esses cidadãos necessários ao Estado deveriam ser preparados desde a infância. E o agente utilizado para essa transformação foi a higiene, que provocou uma redefinição do papel do médico, até então sem *status* social e poder. Onde o Estado não podia legislar a medicina passou a criar

---

28. Poster, Max. *Teoria crítica da família*, p. 211.
29. Costa, J. F. *Ordem médica e norma familiar*, Rio de Janeiro, Graal (Biblioteca de Filosofia e História das Ciências), 1979.

normas não-escritas que permitiam, no seio da família, o desenvolvimento de uma nova ideologia afinada com os interesses sociais.

A ação higienista começou por combater a arquitetura das habitações, considerando a casa colonial como insalubre e prejudicial à saúde. Também a presença dos escravos, até então responsáveis por todo o trabalho doméstico, foi questionada e passou a ser vista como um fator de promiscuidade e um obstáculo à necessária privacidade familiar. Os argumentos higienistas consideravam a presença de escravos como determinante de doenças físicas (pelo baixo nível de saúde e higiene) e morais (porque seus costumes representavam mau exemplo às crianças).

A higiene pôde então criar normas que foram desde formas de vestuário, hábitos higiênicos e alimentares e chegaram até um novo código de relacionamento entre os membros da família, criando um espaço importante para a intensificação das relações emocionais. A higiene se introduziu na família, levando consigo uma valorização das crianças e também das mulheres, quebrando a hegemonia do poder paterno absoluto. A criança, que na família colonial era vista apenas como uma coisa, passou a ser o centro das atenções e merecedora de todos os cuidados, pois se tratava do futuro da família e da sociedade. A mulher passou a ser, dentro da família, a responsável pela formação desse futuro. Passou-se, pois, à exaltação da infância e da maternidade. Ganhou especial consideração o adestramento físico (novos hábitos alimentares e o cultivo do corpo), como pressuposto para a disciplina intelectual e moral. A vida sexual infantil passou a ser objeto de estudo e de preocupação, tendo a masturbação uma consideração especial.

Também no relacionamento conjugal a higiene introduziu suas normas, aliás, o casamento tornou-se uma instituição higiênica. "Os princípios que revisaram a educação infantil modificaram ao mesmo tempo a natureza do casamento. A defesa da raça e do Estado, através da proteção das crianças, foi o ponto de conexão entre os dois fenômenos. O casal higiênico deveria constituir-se com este objetivo."[30]

A saúde dos pais passou a ser importante para a saúde dos filhos; novos critérios se impunham, portanto, na escolha do cônjuge. As filhas ganharam um aliado na defesa de seu direito de escolha do esposo, o que, na família colonial, era de competência exclusiva do pai. Paralelamente, a vida afetiva e a vida sexual devidamente orientadas pelos médicos que se mostraram eficientes na definição dos

---

30. Costa, J.F. *Ordem médica e norma familiar*, p. 219

papéis familiares, tiveram uma grande valorização dentro do casamento.[31] A nova esposa passou a ter responsabilidades novas dentro da família; isso significou uma reformulação interna no poder familiar. Tendo agora como principal função ser mãe, ela deveria ter poderes para bem desempenhar seu novo papel. Seu campo de poder passou a ser o da educação dos filhos, da preparação do futuro cidadão, ou seja, a esposa passou a ser o principal agente da ideologia dentro da família. Em um estudo sobre a família contemporânea, Naffah Neto corrobora esta afirmação, a partir da análise de sessões de psicodrama, evidenciando que, na história familiar de alguns pacientes, as mães têm sempre o papel de "chefe ideológico".[32] O pai colonial teve que se adaptar aos novos tempos; foi forçado a mudar de tática e a refinar-se, além de abrir mão de parte de seu poder, até então absoluto, na administração familiar. "O homem citadino, mesmo quando era grande proprietário, incorporou a seu universo sócio-mental os valores urbano-burgueses como o apreço pelo trabalho; a admiração pela competência profissional; o estímulo ao espírito de competição; o gosto pela cultura artística e pelo conhecimento científico; o cultivo da aparência física; a busca do equilíbrio e da contenção moral, etc. Renunciava, assim, a antigas prerrogativas de poder. Recorria cada vez menos à força física e à violência crua como meio de afirmação sobre o ambiente social e valiase cada vez mais da diplomacia dos hábitos, estratégia mais adequada aos padrões de nova cidade. Dispensava, pouco a pouco, a força mítica do passado religioso-familiar para apoiar-se na racionalidade secularizada, quando procurava impor seus interesses. Enfim, reduzia de modo significativo o antigo mandonismo despótico sobre mulheres, crianças, escravos e agregados, adotando uma política mais flexível de delegação de poderes e divisão do comando familiar. O grande senhor colonial morreu mesmo onde continuou existindo o grande proprietário."[33]

Por força dessa ideologia familiar passou-se a valorizar o sacrifício pelos filhos e o objetivo principal de todos os casamentos passou a ser os filhos. O homem devia "casar para ter filhos; trabalhar para manter os filhos; ser honesto para dar bom exemplo aos filhos; investir na saúde e educação dos filhos, poupar pelo futuro dos filhos; submeter-se a todo o tipo de opressão pelo amor dos filhos; enfim, ser acusado e aceitar a acusação; ser culpabilizado e

---

31. O "médico da família" instituiu-se como conselheiro higiênico, sentimental e sexual da família, substituindo em grande parte os padres.
32. Naffah Neto, A. "O drama na família pequeno-burguesa", *in*: *Psicodramatizar*, São Paulo, Ágora, 1980.
33. Costa, J. F. *Ordem médica e norma familiar*, pp. 249-250.

aceitar a culpa, por todo tipo de mal físico, moral ou emocional que ocorresse aos filhos".[34] Este aspecto da ideologia familiar aparece hoje bastante relevado, principalmente nas famílias de classe média, em que os pais pensam em dar aos filhos uma vida melhor que as suas.

A compensação dada ao homem pela perda do poder absoluto foi o reconhecimento da ideologia machista respaldado em conceitos médicos (o homem se diferencia da mulher por ser mais sensual, mas racional e mais inteligente). A mulher é reconhecida como sua propriedade intocável; ele deveria suportar qualquer exploração e dominação mas teria o direito de reagir quando sentisse ameaçado seu direito de proprietário sobre a mulher. A ideologia machista permite ao marido ter relações sexuais extraconjugais, o que é vedado à mulher. "Ordinariamente era um conformista social. Seu potencial de inquietação e revolta mantinha-se circunscrito à esfera genital."[35]

Além de regulamentar as relações intrafamiliares, a higiene cuidou também de combater os maus exemplos para as famílias, desenvolvendo uma estratégia para a estigmatização e a discriminação dos que eram considerados antimodelos para a família higiênica: as prostitutas, os libertinos, os homossexuais e os celibatários.

As freqüentes referências à crise da família mostram não ser mais possível a crença numa instituição imutável e impermeável às transformações sociais. Mas a realidade mostra também que não se pode comemorar a superação do modelo familiar burguês. O padrão dominante de família continua mantendo sua função de reprodução ideológica. Os padrões familiares continuam modelando a conduta de todos os membros, embora o controle possa ter sido atenuado pela diminuição do tempo em que os pais ficam em contato com os filhos. Mas a família burguesa, consolidada no século passado, matém sua força de atuação, fazendo com que os membros da família sejam fiscais uns dos outros e de si mesmos pela culpa gerada por eventual transgressão das normas introjetadas.

Embora os adultos e os adolescentes tenham hoje um tipo de vida na qual a maioria de suas atividades se efetua fora do circuito familiar, a família continua desempenhando um indispensável papel da domesticação ideológica, que não é contrariado mas complementado por outras instituições onde o indivíduo gasta tempo significativo de sua vida cotidiana, principalmente escola e trabalho, e também pela influência dos meios de comunicação social.

Neste momento, vale a pena dedicarmos alguma atenção ao *modus operandi* familiar, na transmissão e manutenção da ideologia

---

34. Costa J.R. *Ordem Médica e norma familiar*, p. 251.
35. *Id., ibidem*, p. 253.

dominante. A principal forma de operação da família se dá na infância, através do aprendizado dos papéis sociais. A criança aprende desde cedo as prescrições do papel de filho: em primeiro lugar, a obediência aos pais, que é aprendido como sinônimo de amor aos pais; amar é obedecer, é submeter-se. O poder parental é travestido de amor; Poster afirma que uma importante característica da família burguesa, presente desde sua constituição, é o aprendizado do controle sobre o corpo em troca do afeto dos pais. Conforme a criança vai crescendo o aprendizado dos papéis sociais vai se tornando mais complexo, com o aprendizado de normas cada vez mai detalhadas sobre todo o campo de atividades da criança, normalizando suas relações com os pais, com os irmãos e também com o mundo externo à família.

Para poder exercer com eficiência suas funções, a família deve se apresentar de uma forma que esconda suas origens e finalidades; por isso ela é apresentada como natural e necessária, como o que é bom, sendo mau tudo o que se lhe opõe ou que coloque sobre ela alguma dúvida. Assim são apresentados as regras e os tabus familiares, que ora são explicados por si mesmo, sem poderem ser contestados, ora são explicados e justificados por outras entidades ideológicas como Deus, Pátria, Religião, etc., sem jamais se mencionar suas verdadeiras determinações. A virgindade e a proibição de relações sexuais extraconjugais para as mulheres, por exemplo, são apresentadas como necessárias e morais, e não como normas que têm por finalidade preservar a legitimidade da propriedade através da herança do pai, tudo isso decorrente do processo da divisão social do trabalho. Quando a realidade da vivência familiar se mostra contraditória com a idéia de família, a situação é apresentada como anômala e passageira. Segundo Reich, a família tende a desenvolver uma atitude de negação de suas contrariedades: "Por mais miseráveis e inconsoláveis, dolorosas e insuportáveis que sejam a situação conjugal e a constelação familiar, os membros da família têm de defendê-la ideologicamente tanto dentro como fora dela. A necessidade social de proceder assim obriga a encobrir a miséria e a manutenção da família e do casamento; cria também a sentimentalidade familiar largamente difundida e *slogans* tais como 'felicidade familiar', 'lar, doce lar', 'recanto tranqüilo' e a 'felicidade' que a família aparentemente significa para as crianças".[36]

Reich foi um dos mais tenazes combatentes da família burguesa, por perceber nela uma fábrica de neurose e de domesticação ideológica, ambas as funções apoiadas na repressão sexual. Pessoas

---

36. Reich, W. *A revolução sexual*, 2ª ed., Rio de Janeiro, Zahar, 1974, p. 106.

frustradas sexualmente tendem a ser conservadoras, submissas, tristes, bem comportadas e também autoritárias e repressivas com aqueles que lhes são inferiores, segundo algumas de suas conclusões sobre a política familiar. Por ter essas características aguçadas, foi que a pequena burguesia alemã serviu de base política e ideológica para o nazismo.[37]

Podemos considerar que a educação na família burguesa se baseia no binômio sexualidade/autoridade. Nesse sentido, Poster afirma que a principal característica da vida emocional na família burguesa é que "a criança foi compelida a trocar a satisfação pelo amor materno, renunciando radicalmente ao prazer do corpo em favor de formas sublimes de afeição parentais".[38] Essa renúncia se inicia drasticamente na fase anal quando a criança é treinada precocemente para o controle sobre os esfíncteres e torna-se mais dramática na fase genital, quando grandes esforços são investidos no controle da masturbação. Durante a infância forma-se a base para o desenvolvimento adulto da sexualidade. A criança que é sexualmente reprimida pelos pais, necessariamente introjeta as interdições paternas que vão acompanhá-la também na vida adulta e que se manifestam como sentimento de culpa diante da transgressão dessas interdições ou simplesmente diante do desejo de transgredi-los. "A criança é, pois, forçada para dentro do seio da família e por isso adquire uma fixação aos pais de forma sexual e autoritária. Já pela sua pequenez física é esmagada pela autoridade dos pais, seja esta rigorosa ou não. A ligação autoritária supera em breve a sexual, força-a a uma existência inconsciente e, mais tarde, quando os interesses sexuais devem dirigir-se para o mundo extrafamiliar, atua como uma poderosa inibição entre o interesse sexual e a realidade. Justamente porque a própria ligação autoritária em grande parte se torna inconsciente, não mais é acessível à influência consciente. Pouco significa se a ligação inconsciente à autoridade autoritária dos pais muitas vezes se exprime como revolta neurótica; nem assim consegue fazer desenvolver os interesses sexuais, a não ser em forma de ações sexuais impulsivas e incontroladas, como compromissos patológicos entre a sexualidade e o sentimento de culpa. A dissolução posterior dessas ligações com os pais é a condição fundamental de uma vida sexual sadia."[39]

Portanto, o filho é violentado pelos pais no processo educativo e a única coisa que pode fazer é ter ódio e reprimi-lo, porque até a sua manifestação será reprimida pelos pais. Enquanto o ódio for

---

37. Para um aprofundamento da questão ver: Reich, W. *Psicologia de masas del fascismo*, Buenos Aires, Latina, 1972.
38. Poster, M. *Teoria crítica da família*, p. 190.
39. Reich, W. *A revolução sexual*, pp. 109-110.

mantido inconsciente, o indivíduo não poderá dele se libertar, nem do sentimento de culpa por ele gerado. Se esse ódio se tornar consciente poderá transformar-se numa força impulsora revolucionária individual poderosa; tornar-se-á o motor da libertação dos laços familiares e poderá então transferir-se com facilidade para as metas racionais da luta contra aquelas situações que originaram tal ódio.

Vemos assim que a família burguesa, ao reprimir a sexualidade, atinge ao mesmo tempo dois objetivos: o da própria repressão em si (pelo que o sexo significa na família burguesa) e o da consolidação do poder dos pais. Claro que isso tudo se processa baseado na ideologia e tem por fim reproduzi-la: o poder dos pais sobre os filhos e o poder do marido sobre a mulher são apresentados como necessidades naturais e não como produtos históricos. A realidade do casamento burguês é negada: a de que ele se constitui pela contradição entre interesses econômicos e a necessidade de satisfação sexual.

A forma como esse processo educativo se desenvolve sobre a criança torna-a escrava da ideologia autoritária e de seu imaginário que é então mobilizado e que invade a sua percepção das relações familiares e sociais de uma forma geral. A ideologia substitui assim o real pela idéia do real, confundindo a percepção da dura realidade e prejudicando sua ação no sentido de transformá-la. Ao mesmo tempo produz a domesticação ideológica que prepara o filho para viver em outras instituições, porque a forma como foi estruturado seu papel social de filho, submisso e impotente, vai modelar o aprendizado dos demais papéis sociais (de estudante, de trabalhador, de cidadão). Logo, é na família que se prepara o homem submisso, incapaz de se rebelar contra as injustiças e frustrações, que certamente será um joguete da ideologia e de interesses que não são os seus.

3. PSICODRAMA, FAMÍLIA E IDEOLOGIA

O psicodrama constitui o terceiro vértice da estrutura que sustenta este trabalho. Para caracterizá-lo retomaremos as proposições de J. L. Moreno e também lançaremos mão das formulações de Alfredo Naffah Neto sobre o projeto moreniano. Essas formulações nos permitem salientar dois importantes aspectos da maneira como entendemos o psicodrama. O primeiro deles se refere à necessidade de dar continuidade ao desenvolvimento da teoria socionômica, usando, quando necessário, instrumentos desenvolvidos por outros cientistas sociais. O segundo aspecto refere-se à consideração do psicodrama como indissoluvelmente unido a um sistema teórico e não apenas como um conjunto de procedimentos técnicos. Não concebê-lo como tal significa acumpliciar-se com práticas que visam a manipulação das técnicas psicodramáticas numa perspectiva imediatista e pragmática e a sua transformação em mais um instrumento adaptativo. Aliás, foi sob esta forma que o psicodrama foi mais conhecido e valorizado no Brasil durante o período inicial de sua existência entre nós. Foi necessário mais de uma década para que o movimento psicodramático amadurecesse e se consolidasse, para então priorizar também seu desenvolvimento teórico. A produção teórica de psicodramatistas brasileiros teve grande impulso nos últimos anos e hoje, sem nenhuma dúvida, situa-se entre as mais ricas no cenário internacional.

Situemos o psicodrama no universo da obra de Moreno. O sistema moreniano foi chamado de Socionomia por seu criador. Ele a definiu como "a ciência das leis sociais".[40] A Socionomia é colocada mais no campo da Sociologia do que da Psicologia; trata-se de fato de uma microssociologia, ou seja, "a sociologia dos grupos pequenos, de sua estrutura atômica".[41] Vemos assim que a Socionomia não pretende abordar a vida intrapsíquica dos seres humanos limitada a si mesma, mas o homem em relação com outros, ou seja, as relações interpessoais. Esta proposta de Moreno tem importante implicação não apenas para a definição do psicodrama mas também da doença mental, deslocando sua determinação do âmbito do indivíduo para o das relações sociais, o que foi posteriormente retomado pelo movimento da antipsiquiatria, como aponta J. S. Fonseca Filho.[42]

A Socionomia se divide em três ramos interdependentes: a Sociometria, a Sociodinâmica e a Sociatria. A Sociometria se preocupa em estudar a estrutura básica dos grupos em termos de vínculos interpessoais desenvolvidos entre seus membros e é definida pelo seu criador como a "ciência da medida do relacionamento humano",[43] onde "o *socius* tem uma importância maior que o *metrum*".[44] Seu principal instrumento é o teste sociométrico.

A Sociodinâmica se ocupa da dinâmica das relações interpessoais. Segundo Naffah, a Sociodinâmica "transporta a pesquisa do nível mais estrutural e estático do teste sociométrico para o nível dinâmico da interação, onde se explora a dinâmica dos vários vínculos grupais nas formas dos diversos papéis que ela pressupõe e através dos quais se realiza".[45]

---

40. Moreno, J. L. *Psicoterapia de grupo e psicodrama*, São Paulo, Mestre Jou, 1972, p. 39.
41. *Id., ibidem*, p. 40.
42. Fonseca Filho, J. S. "El psicodrama y la psiquiatria: Moreno y la antipsiquiatria". *Momento*, 3(4 e 5): 39-45, Ago 1977, La Plata, Argentina.
43. Moreno, J. L. *Op. cit.*, p. 39.
44. *Id., ibidem*, p. 39.
45. Naffah Neto, A. *Psicodrama*, p. 127.

A Sociatria é definida por Moreno como "a ciência do tratamento dos sistemas sociais".[46] Para Naffah ela é a disciplina síntese do projeto socionômico, pois é o instrumento das transformações individuais e grupais (transformações ativadas pela Sociometria e Sociodinâmica). Seus métodos de atuação são a psicoterapia de grupo, o psicodrama e o sociodrama. Naffah ainda enfatiza que a Sociatria é o prolongamento inevitável da Sociometria, "onde a psicoterapia de grupo, o psicodrama e o sociodrama vão continuar o trabalho de explicitação, desenvolvimento e transformação das relações intersubjetivas, seja numa dimensão que enfoca as tensões e as ideologias sociais nas suas formas de manifestação mais ampla (entre grupos, raças, classes, etc.), seja nas configurações específicas que elas assumem na existência concreta de cada indivíduo".[47]

Dessa forma situamos então o psicodrama no contexto do projeto socionômico por entendê-lo como parte indissolúvel desse projeto, não podendo ser visto isoladamente sem negar-se enquanto proposta. Nesta ótica, merecem destaque dois pontos do pensamento moreniano, que informam diretamente a questão da atuação do psicodramatista.

O primeiro deles se refere ao papel do cientista social invocado por Moreno. O pesquisador não é aquele que se coloca acima de seu objeto de estudo, observando-o "de fora", mas participa da situação estudando sua dinâmica ao vivo. Aqui vemos uma nítida oposição ao método da Psicologia que pretende estudar seu objeto "objetivamente", mantendo com ele uma relação de distanciamento e neutralidade. Por isso a Socionomia não se preocupa com essa pretensa objetividade e busca situar sua pesquisa ao nível de intersubjetividade.[48] Isso implica em aceitar a inevitabilidade da condição humana do investigador (ser-em-relação) e partir dela para conhecer e transformar a realidade. Esta postura sempre esteve presente na vida de Moreno. Seus primeiros trabalhos foram com crianças pobres, nos jardins de Viena, passando posteriormente a trabalhar com grupos de prostitutas e refugiados. A proposta era sempre a de transformar as condições de vida destes grupos de marginalizados. E para transformar, buscava conhecer as estruturas dos grupos e suas relações com outros grupos. A ação sempre foi uma dimensão privilegiada na vida de Moreno. A ação, em vez de simplesmente a palavra, é que dá ao psicodrama a sua força, recolocando o corpo no contexto psicoterapêutico. Não se trata de dar vida ao corpo através da ação, substituindo a palavra, como parece ser a pretensão de algumas

---

46. Moreno, J. L. *Psicoterapia de grupo e psicodrama*, p. 39.
47. Naffah Neto, A. *Psicodrama*, pp. 126-127.
48. Para um aprofundamento do tema ver, na obra citada de Naffah Neto, a seção 2 do cap. III: "A pesquisa *in situ* e *in vivo*: os caminhos e descaminhos da Sociometria".

terapias corporais, mas de resgatar a unidade palavra/ação, ou seja, a unidade do discurso humano.

Outro aspecto importante da proposta moreniana refere-se ao papel do psicodramatista e de suas relações com o grupo no contexto terapêutico. Para Moreno, embora o terapeuta tenha um papel peculiar dentro do grupo, ele não é sempre, nem necessariamente, o agente terapêutico. A capacidade de atuar como agente terapêutico está distribuída entre todo o grupo. Assim sendo, o terapeuta não deve assumir nenhum poder sobre o grupo, mas estar a seu serviço. Este estar-a-serviço se dá pela abertura do terapeuta ao fenômeno grupal em seu "mostrar-se" e pelo conjunto de técnicas que deve colocar à disposição do grupo, sempre subordinado a este. Sendo parte desse fenômeno que investiga, o terapeuta cumpre sua função assumindo o seu não-saber radical e pesquisando em conjunto com o grupo. "O terapeuta, até o momento de surgir como líder terapêutico, não é senão mais um membro do grupo."[49] Não se trata de afirmar que o psicodrama, por si só, garante um relacionamento entre os componentes do grupo isento de dominação ou de exercício do poder. Seria ingênuo supor que, por um exercício da vontade, deixaria de se reproduzir num pequeno grupo uma característica da sociedade em que ele se insere — a dominação. Desde sua constituição, o grupo de psicodrama tende a repetir os padrões de relações sociais predominantes, conferindo ao(s) terapeuta(s), símbolo da autoridade, todo o poder dentro do grupo. Trata-se, pois, de uma postura, que é antes de tudo política, de não aceitar esse poder e de procurar, juntamente com os demais, identificar e denunciar as formas explícitas ou camufladas que ele assume na situação grupal. "Se nesta, o terapeuta utilizar o poder para se entregar enquanto modelo e modelar segundo a norma, e desta forma reforçar no outro o desejo de ser escravo, ele perpetuará aquilo que existe de discriminador em seu saber, aquilo que reafirma sob a máscara da neutralidade os valores do dominador. Neste caso, o projeto de terapia é o de busca da cumplicidade recíproca. Se, no entanto, a opção política for outra, o terapeuta inserido numa estrutura que reitera o poder que para ele se trata de contestar, fará de sua prática uma denúncia naquilo mesmo que a concerne, e o projeto da terapia será o da busca da responsabilidade recíproca."

Jacob Lewin Moreno, o criador do psicodrama, definiu-o como "a ciência que explora a verdade através de métodos dramáticos",[50]

---

49. Moreno, J. L. *Las bases de la psicoterapia*, Buenos Aires, Hormé, 1967, p. 26.
50. Moreno, J. L. *Psicodrama*, 2ª ed., Buenos Aires, Hormé, 1972, p. 35.

o que significa que o psicodrama permite, a quem dele se utiliza, uma elucidação do seu estar-no-mundo, em busca da sua verdade existencial; mas essa busca não se dá a partir do homem isolado, recortado de suas relações sociais, mas a partir da interação com outros. "O fundamento do psicodrama é o princípio da espontaneidade criadora, a participação desinibida de todos os membros do grupo na produção dramática e na catarse ativa."[51] Nas palavras de Moreno estão os pontos básicos que definem a especificidade do psicodrama. O psicodrama nasceu de uma rebelião contra a exclusividade da palavra e da individualidade em psicoterapia, por isso é uma terapia grupal e tem na ação seu principal instrumento. É a ação psicodramática que permite ao sujeito defrontar-se com seus conflitos e dificuldades (tais como ele os percebe), colocando no palco a realidade e a fantasia, para poder posteriormente discriminá-las. A dramatização, o principal instrumento terapêutico, é o centro de uma sessão de psicodrama. O grupo funciona como um ponto de partida (pelo aquecimento que se dá no contexto grupal) para a definição do protagonista e do tema, e também como um continente emocional para o desenvolvimento da dramatização. É a partir da estrutura do grupo que se representa o Drama originado no contexto social e que depois se explicita no contexto dramático. É também o contexto grupal que permite o processo de identificação que preside o desmascaramento do caráter pretensamente individual do Drama, revelando seu caráter coletivo. Aqui está implicado um princípio básico que rege a escolha do protagonista. Este não deve ser definido pela vontade do terapeuta e nem deve ser tomado aquele que se oferece. "É aquele em que o drama latente no grupo se cristaliza e se torna manifesto na ação dramática. Encarna uma problemática que o transcende."[52] Assim, o drama oriundo do contexto social é trazido para o contexto grupal, impregna toda a rede dos relacionamentos entre seus participantes, promovendo a definição do protagonista, em quem as contradições do drama se explicitam, e passa para o contexto dramático. Depois da dramatização volta-se ao contexto grupal, no qual a vivência do drama é compartilhada, integrando o seu caráter coletivo.

Uma das principais bases teóricas do método psicodramático é a "doutrina da espontaneidade/criatividade" que Moreno afirma ser a pedra angular do psicodrama. Ele define a espontaneidade como "a resposta de um indivíduo diante de uma situação nova — e a

---

51. Moreno, J. L. *Psicoterapia de grupo e psicodrama*, p. 38.
52. Milan, Betty. *O jogo do esconderijo: terapia em questão*, São Paulo, Pioneira, 1976, p. 13.

resposta nova a uma situação antiga. (...) Esta resposta pode ser mais ou menos adequada".[53]

Partindo de uma crítica à noção de adequação, pois ela implica uma relação de exterioridade entre sujeito (espontâneo) e mundo, duas partes exteriores que se adequariam ou não, Naffah chega a uma concepção de espontaneidade que afirma o caráter de interioridade do estar-no-mundo, o que significa uma relação de compromisso entre o sujeito e o mundo que o circunda. Esta redefinição do conceito de espontaneidade se explicita, principalmente, em dois pontos mais importantes, ao nosso ver: a espontaneidade como uma abertura perceptiva do sujeito e como um movimento de transformação do sujeito.

Nessa redefinição, é valorizada a consciência corporal: é através do corpo que o sujeito se insere no mundo, é através do corpo que se dá toda percepção e ação. "E nesse sentido espontaneidade significa antes de tudo consciência corporal, não aquele tipo de consciência de um corpo estático ou inerte, mas a consciência de um corpo em ação, do corpo em situação, do corpo comprometido, responsável."[54] Somente essa consciência do corpo em ação pode proporcionar a abertura perceptiva. Essa abertura significa a percepção do real, onde não apenas os elementos do momento presente são colocados em destaque, mas também as significações do passado e do futuro projetados pelo sujeito. A abertura perceptiva é, pois, em cada situação, a consciência do momento em função da história do sujeito e de suas aspirações. O campo perceptivo ilumina não apenas as características do mundo externo, mas também a inserção existencial do próprio sujeito permitindo, inclusive, uma percepção de suas fantasias, enquanto tais, e a elucidação da sua articulação com a realidade. "Ante uma transformação abrupta, que cega ou imobiliza momentaneamente o sujeito, roubando-lhe o sentido da situação, a espontaneidade consiste sobretudo numa capacidade de se abrir perceptivamente, alargando seus horizontes espacial e temporalmente e reconquistando através da ação a continuidade de sentido do mundo que se transforma; é reconquistar-se como parte integrante e atuante da situação; é fazer-se presença."[55]

Mas essa abertura perceptiva não teria sentido em si mesma; por isso a espontaneidade se completa na ação: a ação espontânea é a concretização de uma ação que é escolhida pelo sujeito. A abertura perceptiva oferece ao sujeito uma ampliação das possibilidades de ação entre as quais ele escolhe uma. Espontaneidade significa, pois, escolha também. Sua ausência é a repetição cega do passado. Pode-

---

53. Moreno, J. L. *Psicodrama*, p. 89.
54. Naffah Neto, A. *Psicodrama*, p. 57.
55. *Id., ibidem*, p. 48.

mos, assim, afirmar que o sintoma neurótico é a impossibilidade de o sujeito deixar de repetir condutas automatizadas em determinadas situações vitais. Nesse sentido, a ação espontânea é uma ação escolhida pelo sujeito em uma dada situação, a partir de um alargamento de seu campo perceptivo, e que transforma sua relação com o mundo; isto é, transforma-se transformando o mundo no qual está situado. O caráter transformador da ação espontânea é o que garante ao homem a sua condição de criador por excelência, tal como é definido por Moreno na filosofia do ato criador. Para ele, todo homem contém, em si, a divindade, na medida em que possui o poder da criação, sendo o único animal que tem possibilidades de mudar as condições de sua existência através de sua capacidade criadora. A principal expressão da capacidade criadora é o trabalho humano que transforma o mundo natural e social, e se traduz no plano coletivo pelo fato de fazer a História. O homem íntegro, sadio, é, pois, aquele que está sempre fluindo, sempre transformando, juntamente com os outros, tanto a si mesmo quanto o mundo que o cerca. A doença mental significa um bloqueio da capacidade de criar, de transformar, a submissão às estereotipias dos modelos culturais congelados.

Mas o que é o ato criador? "Poderíamos defini-lo como o momento em que a ação — lançada numa dupla vertente, onde a concretude do real percebido, feito de lacunas e hiatos, expande-se no imaginário em busca das revelações capazes de clarificá-la — instaura um novo passo nesse movimento de explicitação, superação e transformação da existência."[56] Portanto, o ato criador nunca é completo, sempre é parcial; a criação está sempre inacabada. Todo ato criador, findo o momento de criação, tem o seu produto transformado em conserva cultural que poderá ser utilizada de forma passiva, repetitiva, ou poderá ser ponto de partida para uma nova criação. Nunca o ser humano pode esgotar sua capacidade criativa, logo, nenhuma criação pode ser um consolo para uma acomodação da criatividade. A história do homem sempre foi a história da transformação como forma de superar as contradições geradas em cada estágio da vida individual ou coletiva.

Vejamos agora outro aspecto da teoria socionômica importante para este trabalho: a teoria dos papéis, dentro da qual destacaremos a especial importância dos papéis sociais. Moreno define o papel como "forma de funcionamento que assume um indivíduo num momento específico em que reage diante de uma situação específica na qual estão envolvidos outras pessoas e outros objetos".[57] Em

---

56. Naffah Neto, A. *Psicodrama*, p. 81.
57. Moreno, J. L. *Psicodrama*, p. V.

outro momento, papel é definido como uma "cristalização final de todas as situações em uma zona especial de operações, pelas quais o indivíduo passou (por exemplo, as de ingeridor, de pai, de piloto de avião)".[58] As duas definições se complementam: enquanto uma enfatiza o caráter relacional do papel, a outra explicita o de cristalização. Esse caráter de cristalização é o que vai aparecer como caracterizando fundamentalmente os papéis sociais. Moreno propõe uma classificação dos papéis em três tipos: os psicossomáticos, os sociais e os psicodramáticos. A estes, Naffah acrescenta os papéis históricos, não percebidos por Moreno, pela desconsideração deste pela História. Aliás, os papéis históricos, definidos pelas classes sociais, são os determinantes macrossociológicos dos papéis sociais. "(...) o conceito de papel social pressupõe o conceito de classe social e vice-versa".[59]

Os papéis sociais constituem o principal material a ser tratado no psicodrama; é através deles que o psicodrama explicita as ideologias porque eles são, por assim dizer, a própria ideologia corporificada. É, portanto, dos papéis sociais que trataremos agora, procurando mostrar como eles se formam, como atuam e como aparecem no contexto do psicodrama.

Os papéis sociais são os que mais claramente encarnam a característica de cristalização. Eles representam um conjunto organizado de condutas que correspondem às expectativas socialmente estabelecidas sobre como o sujeito deve se comportar face a determinado objeto ou em uma determinada situação. O papel social depende das relações sociais que o engendram, nas quais se destaca a função da ideologia.

O primeiro papel social aprendido é o de filho. Como se constitui esse papel? Inicialmente temos laços de parentesco. Mas esses laços apenas o definem parcialmente. O papel social de filho vai ser completado pelas prescrições da ideologia dominante. A própria ideologia cuida para que o papel social seja apresentado como algo natural e necessário. O que se espera, por exemplo, de um filho de uma família pequeno-burguesa? Inicialmente que ele ame e obedeça aos pais, que aprenda rapidamente a controlar os esfíncteres. Quando começa a se relacionar com o mundo extrafamiliar espera-se que o filho represente bem a família fora de casa, que seja bom aluno na escola — aprendendo as lições escolares e transferindo aos professores a relação de obediência aprendida com os pais — e que seja modelo de bom comportamento em todas as situações, evitando preocupar os pais. Obediência aos pais significa, assim, aceitação de

---

58. Moreno, J.L. *Psicodrama*, p. 213.
59. Naffah Neto, A. *Psicodrama*, p. 192.

normas que já estavam definidas quando ele nasceu; aceitação sem questionamento, isto é, submissão. Tudo isso em troca do afeto dos pais. O que o papel esconde é que ele é constituído a partir das relações sociais, determinadas pela divisão social do trabalho e pela dominação de classe. A família que circunscreve esse papel, produto histórico, aparece como algo "natural", de tal forma que os papéis sociais familiares aparecem também como "naturais", ou seja, como invariáveis e independentes das relações sociais de classes. Isto é a pura ideologia atuando. Já vimos como o Estado determina os papéis sociais em função de seus interesses. Quando não pode fazer isso através de leis, usa dispositivos que, insinuando-se no tecido social onde devem atuar, vão criar normas para as condutas dos diferentes membros da família. E o papel social familiar não apenas outorga essas normas, como esconde o processo de sua constituição histórica.

O momento mais importante do aprendizado do papel de filho localiza-se na triangulação edipiana, na qual o sujeito aprende a interdição básica ao papel social de filho e reconhece a função de autoridade do pai. A forma como os pais enfrentam este momento, dadas suas condições pessoais, seu relacionamento, ou a forma como desempenham os papéis parentais é extremamente importante para o filho e pode marcar toda a sua vida futura. Nesse processo se dá um importante passo na definição da matriz do papel de filho, que pode ser o modelo para o desenvolvimento de outros papéis sociais. Não devemos nos esquecer que também a ação dos pais é modelada pela ideologia, que prevê modelos de ações parentais tanto no que se refere aos cuidados corporais dos filhos, quanto aos de sua vida emocional. Filhos de pais cuja ação se baseia no autoritarismo, que se manifesta desde o primeiro ano de vida pela violência física ou emocional, poucas possibilidades terão de estruturar formas espontâneas de relacionamento.

Portanto, a família — modelada pelas relações sociais — vai modelar o desenvolvimento dos papéis sociais de seus membros, em função de determinantes que a transcendem; "(...) os papéis sociais, sua estrutura e dinâmica próprias nada mais fazem do que repetir e concretizar, num âmbito microssociológico, a estrutura de contradição e oposição básicas que se realiza num âmbito maior entre papéis históricos, constituída pela relação dominador-dominado".[60]

Destacamos aqui a importância dos papéis sociais familiares, porque eles constituem a matriz básica para o desenvolvimento dos demais papéis sociais. A família, ao formar o indivíduo obediente,

---

60. Naffah Neto, A. *Psicodrama*, p. 193.

que não questiona sua relação com o mundo, está preparando o homem passivo, conservador, sem espontaneidade e incapaz de criar. O aprendizado de papéis sociais se dá, na maior parte das vezes, pela transferência da dinâmica de um papel aprendido na família. Nesse sentido, a transferência, para o psicodrama, é a reatualização, através de papéis atuais, de conflitos inerentes a papéis mais antigos, numa tentativa vã de elucidação e reparação do conflito que persistiu.[61] É por isso que, freqüentemente, no desenvolvimento de uma sessão de psicodrama, assistimos a uma dramatização se iniciando numa cena que envolve alguma estrutura de papéis sociais atuais e acabando — através do encadeamento de várias cenas — no *locus* familiar, onde a estrutura dos papéis familiares revela a origem histórica do conflito transferido. Quantas vezes, por exemplo, a impossibilidade de mudar uma situação de trabalho e os conflitos com chefes e colegas são desmascarados e revelam uma estrutura de submissão e de impotência que tem como palco originário a família!

O aprendizado dos papéis sociais, dando-se de fora para dentro como uma necessidade de submissão do indivíduo a normas preestabelecidas, cria uma clivagem entre esses papéis e a pessoa privada; o indivíduo sente-se dividido. "(...) a pessoa privada é, no fundo, o próprio 'eu' que, alienado de uma participação social, refugia-se numa pseudoliberdade solipsista, fecha-se em si mesmo e ausenta-se de uma tomada de posição frente ao mundo. Assim, ausente, alheio, alienado, vivendo em seu refúgio imaginário e tentando preservar essa liberdade ilusória, a pessoa mostra-se apenas como máscara, (...) a única forma relacional capaz de protegê-la como imagem".[62] Esta clivagem faz com que o indivíduo se sinta livre, quando a liberdade é apenas imaginária. A clivagem entre papel social e pessoa privada impede a conscientização da posição do sujeito no mundo, capaz de torná-lo um agente transformador de sua própria vida.

É exatamente por colocar em cena os papéis sociais, desmascarando-os, que o psicodrama trabalha diretamente com a ideologia. A concretização da proposta moreniana permite uma abertura perceptiva e a conseqüente possibilidade de o sujeito romper com o caráter repetitivo de sua conduta, transformando a si e às suas relações. Nesse sentido, o principal instrumento do psicodrama é a dramatização. Pois ela permite ao protagonista colocar em cena o Drama, com tudo o que ele tem de real e de imaginário, dando vida às suas contradições e provocando o seu aguçamento até as últimas

---

61. Vã na medida em que, por estar deslocado espacial e temporalmente, o conflito não encontra os referenciais situacionais que o produziram, não podendo, pois, ser elucidado. A tarefa do psicodrama seria trazer à cena esses referenciais.

62. Naffah Neto, A. *Psicodrama*, p. 184.

conseqüências, para, a partir daí, desmascarar o que estava oculto e permitir uma diferenciação entre o real e o imaginário, ampliando o campo perceptivo e possibilitando ao sujeito a transformação de suas relações com o mundo. A dramatização é, pois, o instrumento de acesso ao que Moreno denominava co-inconsciente ou inconsciente comum.

Numa sessão de psicodrama vemos emergir o Drama oriundo do contexto social, que aparece através do contexto grupal e se apresenta, inicialmente, como drama individual. Na fase de aquecimento de uma sessão, o que se põe, através dos discursos e ações individuais, são "dramas" vividos como únicos e individuais, até que as individualidades são negadas pela identificação entre os membros do grupo e pela emergência e definição do protagonista que encarna, então, o Drama já se explicitando como Drama Coletivo a ser elucidado. O protagonista, etimologicamente "o primeiro que agoniza", representa a primeira existência particular que sucumbe enquanto pessoa-privada para, naquele momento, ser mediadora do Drama Coletivo. Enquanto encarnação do ser social, sua ação será a representação ou desempenho dos papéis estruturantes do Drama. Entretanto, nesse processo, "quando o desempenho do papel é levado às últimas conseqüências, pois que nele jazem as esperanças e os limites globais da própria existência, é quando encontra os limites da máscara que o define e se descobre como parte de um drama desconhecido; é então que sua existência se revela como pura camuflagem de um vazio, de um não ser que reflete, na verdade, toda a impostura daquele palco e daqueles atores: um cenário e uma série de fantasias que tentam justificar e sustentar uma forma de ser que chegou aos seus limites. É desta consciência totalizante, desta coincidência entre o ator e o drama, que surge o movimento transformador capaz de lançar a existência para além de si mesma".[63] Após a dramatização, pelo depoimento dos membros do grupo, o protagonista fica sabendo que dramatizou não apenas o seu drama, mas um Drama que é coletivo; que, por exemplo, aquela estrutura familiar que colocou em cena não se refere apenas à sua família, mas à família de todos os membros do grupo.

Assim sendo, a função do psicodrama é oferecer a cada membro do grupo, com a participação dos demais, um instrumento para a busca da sua verdade, para elucidação do seu estar-no-mundo, da sua constituição e de sua localização no Drama Coletivo. Assim fazendo, o psicodrama está liberando a espontaneidade criadora dos sujeitos, para que possam transformar suas existências e assumir seus papéis históricos.

---

63. Naffah Neto, A. *Psicodrama.*, p. 192.

Se o psicodrama trabalha com os papéis sociais, ele deve, necessariamente, enfocar a alienação e a ideologia que a produz. Pois não é através da ideologia que se constroem os papéis sociais, que são moldados em função dos interesses da classe dominante? E o papel social não é ao mesmo tempo um grilhão que aprisiona os indivíduos no estreito limite da estereotipia das condutas já estabelecidas (conservas) e impede o seu desenvolvimento espontâneo e criador? Depois de percorrer um longo caminho sem encontrar resposta para suas aflições, não é o homem alienado que vemos procurar a ajuda do psicodrama? Sua alienação consiste, assim, no fato de sentir sua vida insatisfatória, e ao mesmo tempo sentir-se impotente para mudar o seu curso, por não conhecer a origem de seus sofrimentos ou por atribuí-la a forças poderosas contra as quais nada consegue fazer. A tarefa do psicodrama seria, pois, revelar a origem dos seus sofrimentos como essencialmente social e histórica. E o que foi produzido historicamente não é imutável nem natural, pode ser transformado. Essa, a essência da consciência psicodramática.

Todas essas colocações permitem-nos diferenciar o psicodrama de outras propostas terapêuticas, exatamente na medida em que seu ancoramento na Socionomia torna a pesquisa das ações e interações humanas não uma tarefa da Psicologia, mas das ciências sociais como um todo. Ou seja, é por situar-se no entrecruzamento da Psicologia, da Sociologia e da História que a Socionomia rompe com a "autonomia" ideológica da Psicologia e pode escapar ao destino histórico das assim chamadas práticas psicológicas, abrindo o campo de pesquisa da conduta humana para os seus determinantes mais globais e escapando do tecnicismo positivista. O psicodrama teria, pois, por função elucidar a existência humana, no complexo estrutural e histórico que a rege, renunciando a um poder manipulador e adaptativo e buscando as transformações das relações humanas pela catalisação das próprias tensões que as articulam. Isso implica em retomar suas origens, questionando as ideologias que o permeiam e colocando-se numa perspectiva dialética.[64] O campo psicodramático se constitui, pois, em um espaço para a pesquisa das formações ideológicas, sua transformação ou conservação, nas configurações concretas que assumem na existência de cada um e também no próprio vínculo terapeuta-paciente ao longo do processo psicodramático grupal.

---

64. V. Naffah Neto, A. "Psicodrama e dialética", *in: Psicodramatizar.*

III

ANÁLISE DE CASOS

As análises efetuadas tentam abordar os sujeitos na sua participação total no processo terapêutico, considerado em todo seu conjunto, que inclui as entrevistas iniciais, as sessões de psicodrama bipessoal, individual e de grupo.

Todas as manifestações dos membros das famílias estudadas foram expressas pelos próprios sujeitos, através da técnica da inversão de papéis. Assim, tudo o que aparecer como dito ou feito por esses familiares, nas dramatizações e nas entrevistas psicodramáticas das sessões de psicodrama individual foi expresso por esses personagens representados pelo protagonista.

Por uma necessidade ética de garantir a confidencialidade, são fictícios os nomes dos sujeitos e outras características de identificação, o que não prejudica a compreensão dos casos em tela.

Nas análises, as terapeutas Sonia Calil e Elisabeth M.S. Costa (ego-auxiliares) aparecem como T2 e T3. O autor aparece como T1.

CASO 1

André, de 25 anos, é o primogênito de seis filhos, todos do sexo masculino. Seu irmão mais novo tem nove anos de idade. O pai é escrivão policial e a mãe, professora secundária.

Quando procurou psicoterapia, André estava terminando o curso de Administração de Empresas. Pretendia ser engenheiro e para tanto fez um ano de cursinho pré-vestibular; como não conseguiu ingressar em Engenharia, optou por fazer Administração de Empresa. Deveria ter concluído o curso no ano anterior, mas tinha ficado de dependência em uma disciplina.

André morou no interior do estado, onde sua família ainda reside, e trabalha desde os 15 anos de idade, tendo parado de trabalhar no ano do cursinho. Teve vários empregos em sua cidade natal.

Em São Paulo, inicialmente morou na casa de uma tia paterna e depois mudou-se para uma *kitchenette*. No período em que freqüentou a terapia, André trabalhava como escriturário em um estabelecimento comercial.

Na época em que procurou terapia estava morando em São Paulo há dois meses. Quem o encaminhou foi um tio, que havia sido paciente do Instituto de Psicodrama. André disse que o principal motivo pelo qual queria se tratar era o fato de ser "viciado em maconha". Fora para "abandonar o vício" que ele se mudara para São Paulo, pois onde morava era muito difícil, porque sempre que saía na rua encontrava seus "companheiros de fumo e não dava para resistir". Achava que, parando de fumar maconha, todos os seus problemas estariam resolvidos. Disse que desde que chegara em São Paulo não havia mais fumado, mas era difícil ficar assim.

André também reclamou de suas dificuldades em se relacionar com as pessoas. Sentia-se muito só e esperava que a terapia o transformasse numa pessoa alegre e extrovertida. O que mais gostaria era de arrumar uma namorada que realmente gostasse dele.

André participou de sessões de psicodrama bipessoal durante aproximadamente quatro meses. Foi o que menos freqüentou as sessões grupais, não comparecendo mais depois da quarta sessão. Compareceu às duas primeiras e faltou à terceira sessão porque o horário coincidiu com o de uma prova na faculdade. Na quarta sessão compareceu e falou de sua família, principalmente das dificuldades de relacionamento com o pai. Foi a última sessão de que participou. Depois de algumas semanas procurou os terapeutas, dizendo que estava faltando às sessões por ter vergonha de enfrentar o grupo, porque havia dito ter parado de fumar maconha e isso era mentira. Combinou com os terapeutas que compareceria à próxima sessão para explicar isso ao grupo e voltar a freqüentá-lo. Mas não voltou.

Em função da limitada permanência de André no grupo, torna-se difícil elaborar uma análise de sua família bem como do sistema de representação que ele fez dela. Os dados disponíveis são os da sessão de psicodrama individual sobre família e algumas verbalizações sobre esse tema na última sessão grupal de que participou.

Já no primeiro contato ele apresentou os pais como fortemente opostos entre si. Enquanto o pai foi definido como "bravo" e "nervoso", a mãe foi apresentada como uma pessoa "muito tranqüila" e "preocupada com os filhos".

Na sessão de psicodrama individual sobre família dramatizou uma cena considerada muito marcante em sua vida. "É uma cena que eu não esqueço mais", disse ele. Ela apresenta algo que é típico de sua vida familiar: o pai agredindo-o sem que ele consiga reagir. Ele tem vinte anos e estuda à noite, no curso colegial. Estava saindo de casa com um volume contendo maconha, que pretendia esconder fora de casa. Como o pacote era grande, colocou-o no bolso da blusa e sobre ele prendeu alguns cadernos, pressionando-os contra o corpo com o braço. Para dar mais firmeza, enfiou a mão no bolso da calça. Quando ia saindo de casa cruzou com o pai, que chegava do trabalho e que, notando o volume, pediu para ver. André tentou evitar que o pai examinasse o pacote mas não conseguiu. Este começou então a xingar e a bater em André. A mãe tentou interferir, pedindo ao marido para não bater no filho no quintal (para evitar um escândalo presenciado pelos vizinhos) e depois advertindo-o de que poderia machucar o filho. O pai, além de não considerar seus pedidos, repreendeu-a por defender o filho. Depois da surra veio a humilhação: André ficou um mês de castigo, saindo de casa apenas para trabalhar. O pai escondeu toda a sua roupa, com exceção de um *shorts*, que ele vestia em casa, e do macacão com o qual trabalhava. Mesmo para se deslocar para o local de trabalho e deste para a sua casa era obrigado a ir vestido com o macacão.

A cena dramatizada evidencia a tirania paterna sobre André e sua impotência diante dela. O poder do pai é muito forte e discricionário. Ele permite-lhe qualquer tipo de agressão contra o filho que, por sua vez, sente-se impotente contra a força paterna a ponto de não poder se defender. O pai tem o direito de agredir o filho apenas por ter raiva de coisas que ele faz. Na dramatização, ele diz: "Não quero saber se o modo de educar é certo ou não. Eu sei é que eu estou com raiva. Eu nunca pensaria que o meu filho podia fazer uma coisa dessas e minha vontade é bater mesmo". O fato de André estar portando maconha deixa-o fora de si, mas o que lhe parece mais grave é o fato de o filho haver mentido, pois há tempos que o interrogava e ele afirmava que não fumava: "Não admito que meus filhos mintam para mim". O poder paterno é tão forte que André nada pode fazer contra ele, a não ser sair de casa. Assim mesmo, ele havia pensado várias vezes em fazê-lo mas não conseguia. Mal atravessava a porta e já "voltava de cabeça baixa" por não ter para onde ir. Quando conseguiu sair foi com a aprovação do pai, que achou que a mudança para São Paulo faria bem a André.

Seu relacionamento com o pai sempre foi difícil. Piorou quando começou a fumar maconha, aos 15 anos de idade, mas André sempre se sentiu discriminado pelo pai. Segundo diz, o pai se julga bastante sabido, principalmente para realizar negócios (além de trabalhar na polícia, seu pai é intermediário de compra e venda de imóveis e de carros) e sempre chamou André de "trouxa". Muitas vezes André deixava de fazer o que pretendia porque o pai dava opinião contrária. André até admite que era um pouco "trouxa" por não ter tanta vivência quanto o pai. Sempre se sentiu discriminado e nunca pôde conversar tranqüilamente com o pai. Depois que começou a fumar maconha, o pai sempre o tratou rispidamente, quando não violentamente. Assim ele se refere às tentativas de conversa com o pai: "Meu pai não falava, sabe, ele não chegava para mim assim e dizia isso é assim, assim, assado, você não pode fazer isso. Não tinha diálogo, porque quando eu começava a falar com ele, assim, diálogo, ele já vinha com brutalidade". Mesmo depois que André mudou para São Paulo e que a tensão entre ambos diminuiu, a conversa não era possível. Sobre isso André falou na última sessão grupal de que participou: "Hoje já dá pra conversar um pouco, mas o diálogo é forçado. Quando vou para casa quero ficar conversando com ele, mas depois de dez minutos não tenho mais assunto".

Ao mesmo tempo em que sente a discriminação do pai, André percebe também que é protegido pela mãe. Mas de pouco vale a proteção materna, pois a mãe, também desprovida de poder, é incapaz de mudar a atitude do pai em relação a André. Ela quase não consegue se fazer ouvir pelo marido com relação a qualquer decisão que ele tome, e muito menos impedir uma agressão ao filho. Mas ela cumpre seu papel: quando André está apanhando ela pede para o marido parar de bater, embora sabendo que seu pedido é inútil. A sua tentativa de atenuar a violência do marido tem como resposta uma denúncia de cumplicidade com o filho. Essa denúncia não deixa de ser verdadeira, pois, mesmo observando as reações do filho, que denunciavam o consumo de tóxico, a mãe dizia acreditar nas suas negativas: "Eu via que tinha dia que ele chegava meio estranho, assim com o olho bem vermelho, essas coisas. Quando eu percebia, eu falava pra ele 'Se você fumou maconha vai ter que largar isso. Não faça mais porque o dia que seu pai descobrir você vai ver o que vai acontecer'. Mas eu falava assim mas não tinha aquela certeza, assim. Pensava que ele fosse sincero, principalmente comigo que sou mais chegada nele, e ele não foi".

Assim o papel paterno é investido de autoridade e poder enquanto o materno e o filial são desprovidos de quaisquer direitos. O filho não tem mesmo o direito de se defender da agressão do pai. A ideologia imobiliza-o na sua dependência do pai, uma dependência que não tem equivalência ao nível material, pois desde que começou a trabalhar, André não depende mais financeiramente dele. Ele quase sempre ganhou o suficiente para se manter por conta própria e era até explorado pelo pai. Na sessão de psicodrama individual sobre família, a mãe disse que depois que André mudou-se para São Paulo, sempre que podia ela lhe dava algum dinheiro para compensar os prejuízos que ele teve com o pai, pois era comum ele "emprestar" dinheiro para o pai e nunca mais receber.

Preso pela ideologia que move a sua família, André reconhece a autoridade paterna e seu direito de "educar" os filhos. Por isso não consegue reagir quando o pai o agride e nem mesmo chega a contestar esse "direito". Ele não se conforma é com o fato de apanhar em público, na frente dos amigos. Muitas vezes acha que a surra é merecida. Nos comentários da sessão de psicodrama individual sobre família diz: "Quando apanhava o meu sentimento era de que estivesse merecendo a surra". Ele é o único entre os filhos a reconhecer, na prática, o direito paterno à agressão. Quando o pai tentou agredir o seu irmão imediatamente mais novo, este reagiu, pegando um pedaço de pau para se defender. Depois disso o pai não mais repetiu a tentativa.

A humilhação é uma constante na vida de André. Sempre que o pai o encontra na rua em companhia de seus amigos, dá demonstração de sua prepotência: agride-o na frente de todos e o conduz para casa aos tapas. Isso torna André vítima também da zombaria dos amigos, que riem dele e lhe perguntam como pode suportar tanta humilhação. Isso agrava sua humilhação. Os próprios parentes ficam indignados diante da violência de seu pai e de sua passividade. André tem um primo que também fuma maconha, mas que recebe um tratamento diferente do pai, que procura sempre conversar e aconselhar o filho. É o tipo de relacionamento que André gostaria de ter com seu pai, mas não consegue fazer nada para que isso ocorra.

O pai fundamenta sua agressão ao filho em dois pontos: dar o exemplo para os outros, para que não pensem que seu filho pode fumar maconha impunemente por ele ser da polícia; e manter intacta a honra familiar. Esses dois princípios também são aceitos por André, que reconhece ser o consumo de maconha moralmente errado; sente-se culpado por fumar, e reconhece o direito paterno de "reeducá-lo" para manter a honra familiar e sua reputação de policial. É por isso que André não consegue sentir raiva do pai quando apanha. O seu sentimento é de pena por si mesmo. Reconhece-se como vítima mas nega-se a reconhecer o agressor. Diz: "Se eu sentisse raiva dele eu reagiria. Me sinto um coitadinho, ainda mais quando a minha mãe fala para não me bater, quer me proteger, eu me sinto mais coitado". O sentimento de raiva provoca uma reação; como não pode reagir contra o pai, a raiva se transforma em autopiedade e permite a passividade. É a mesma reação que tem em outras situações: "Na hora em que estou apanhando ou estou sendo criticado por alguém eu sinto pena de mim mesmo".

Essa sensação de passividade e de impotência, bem como o conseqüente sentimento de inferioridade são transpostos por André para as diferentes situações de sua vida. Falando sobre sexo ele relata que apenas tem relações sexuais com prostitutas, que julga inferiores a si próprio. Não se acha merecedor de um relacionamento com uma mulher que seja de nível igual ou superior ao seu (os critérios usados para definir esses níveis referem-se a situação financeira, intelectual, estética e de prestígio social). Pensa que, se tentasse, seria rejeitado. Apenas as pessoas que estão em situação pior do que a sua não têm condições de rejeitá-lo.

Somente uma concepção ideológica da família defensora da autoridade patriarcal pode sustentar a posição de André no seu grupo familiar, pois a aceitação da agressão e da humilhação só pode ser garantida pelo reconhecimento do direito do pai de dispor como quiser da vida dos filhos. Essa concepção torna André prisioneiro do conformismo e da passividade, transformando-o numa vítima e, conseqüentemente, incapaz de qualquer ação que possa modificar a realidade de sua vida. Para modificar essa situação ele necessita sentir que sua posição é determinada não só pelos outros, mas também pela sua aceitação das funções fixas impostas pela ideologia vigente em sua família, isto é, que ele participou e ainda participa da definição de seu papel.

André projeta maciçamente sua família no grupo terapêutico: sente-se envergonhado e culpado por não ter parado de fumar maconha e não consegue continuar convivendo com ele. O mesmo motivo que o fez mudar-se para São Paulo o faz abandonar o grupo. Ao mesmo tempo em que não consegue desempenhar outro papel que não o de quem faz coisas erradas, também não consegue suportar o que a vivência desse papel provoca: os sentimentos de culpa e de humilhação diante dos colegas e dos terapeutas.

CASO 2

Vera tem 22 anos e é a caçula de quatro filhos. Sua irmã é doze anos mais velha; é casada, assim como também é casado um dos irmãos (dez anos mais velho que Vera). Por causa da diferença de idade com a irmã, Vera disse na primeira entrevista que em toda a sua vida sempre sentiu falta de uma companhia. Seu outro irmão, de 27 anos, é solteiro.

O pai de Vera é comerciante, estando recomeçando suas atividades, pois havia falido algum tempo atrás. A mãe é doméstica.

Vera sempre morou em São Paulo e atualmente é estudante de Psicologia. Há algum tempo, antes de procurar terapia, trabalhou como escriturária durante pouco mais de um ano, não tendo gostado da experiência.

Inicialmente Vera declarou estar buscando terapia por motivo profissional, pois uma professora lhe havia dito que todo psicólogo deveria se submeter a alguma forma de terapia. Logo depois colocou em dúvida tal afirmação, dizendo que, embora não tivesse qualquer problema grave, também sentia essa necessidade: era muito medrosa, sempre ficava ansiosa diante de situações novas e isso a incomodava.

Enquanto aguardava o início das sessões grupais, Vera participou de sessões de psicodrama bipessoal durante aproximadamente quatro meses. Nas sessões de grupo, Vera faltou treze vezes. Foi a única que nunca foi protagonista.

A família de Vera é uma família "normal". Tão "normal" que nela não acontece nada de espetacular, nada que possa, de alguma forma, merecer uma atenção mais especial. Pelo menos é essa a idéia que Vera apresenta em quase toda sua participação no grupo de psicodrama. Assim, as manifestações de uma possível insatisfação em relação à sua vida familiar nunca foram colocadas de forma definida, mas sempre acompanhadas de atenuantes que pudessem diminuir essa insatisfação e fazer esquecer a gravidade do assunto. Numa fase em que o seu relacionamento com a mãe provocou um desconforto impossível de esconder, Vera ocupou a atenção do grupo para falar durante algum tempo de sua família, mas sempre se recusando a dramatizar as situações que a afligiam.

A "normalidade" da família de Vera é marcada pela nítida definição dos papéis sociais familiares. Isto fica evidenciado desde a entrevista inicial, na qual o pai e a mãe são apresentados como opostos. "Meu pai é autoritário, nervoso e estourado. As suas opiniões são o ponto final. Não dá para dialogar. A minha mãe é carinhosa, calma; evoluiu com os filhos enquanto meu pai parou." Já temos aí um começo de definição das funções dos pais: a figura do pai associada à autoridade, ao poder e a mãe relacionada com a vida afetiva. Essa definição vai se mostrar mais completa na sessão de psicodrama individual sobre família e será confirmada esporadicamente durante as sessões grupais. Assim, na 18ª sessão, depois que uma colega dramatizou a impossibilidade de falar com seu pai, Vera comenta: "Meu pai é daqueles sérios, mas eu não tenho dificuldades para falar com ele. Se eu quisesse falar eu chegaria nele. Mas eu não tenho o que falar para ele. A gente fica junto sem diálogo. Ele também não é de falar".

Entrevistada psicodramaticamente na sessão de psicodrama individual, a mãe acha que sua vida familiar é um tanto corrida, porque tem que estar sempre ajudando a filha mais velha, que é casada, trabalha fora e freqüentemente fica sem empregada ("Eu tenho que ir cuidar da casa dela, dos filhos dela. Então nunca estou parada.") Quanto às suas funções na família ela diz: "Eu faço de tudo: lavo, passo, cuido de meu marido, dos filhos, da minha casa, da casa da minha filha, dos meus netos, de todos. Costuro, mas só para as minhas filhas". Sobre o que significa cuidar do marido, responde: "Ter sempre a roupa dele passada, ter a janta dele pronta quando ele chega, acompanhar ele nos lugares que ele quer ir". Sobre o seu relacionamento com ele, diz: "Ele tem um gênio difícil. É difícil conviver com ele. Não pode falar muita coisa que ele estoura. Ele estoura com todos, mas sempre eu que levo o pato. Eu faço que nem ouço, não ligo (...) O que ele tem de bom é que não tem nenhum vício. Ele é um homem muito trabalhador".

O pai também concorda que trabalha muito. Sua vida se resume em: "Muito trabalho, estou cansado de trabalhar. Trabalhei a vida inteira, desde oito anos. Levanto todo dia às seis horas e chego em casa oito horas da noite". Sobre a mulher, ele diz: "Minha patroa é boa, está sempre com as coisas em ordem, a casa em ordem, a roupa em ordem, tudo em ordem, né?". E os filhos? "Os filhos já não são muito bons, porque cada um já tem sua vida formada e não se preocupam com a gente."

Vejamos a idéia de Vera sobre os pais nessa mesma sessão: "Minha mãe é aquela mulher formada para servir os filhos, o marido, sempre... aquela mãe boazinha, né? Meu pai é bem grosseiro, bem rude. Não tem diálogo com ele. É difícil. Ele é sempre o último a saber das coisas em casa".

A mãe é também responsável pela educação dos filhos: "Quem educou os filhos fui eu. O meu marido nunca fez nada assim. A única coisa que ele fez foi dar dinheiro". É mais sentimental e mais dedicada ao mundo familiar. O pai, mais seco, tem sua vida voltada para o mundo externo, o mundo do trabalho, onde garante a sobrevivência da família. "Ele nunca deu amor, nunca chegou a abraçar um filho", diz a mãe. Vera confirma essa afirmação durante uma sessão grupal: "Meu pai não sabe o curso que eu faço. Para ele é importante não faltar nada em casa. Tudo que ele não dá em carinho, dá em dinheiro". Ele é visto como grosseiro, rude, ignorante do que se passa na casa. Mas é ele quem detém a autoridade. O pai, por sua vez, queixa-se da ingratidão dos filhos: os pais fazem tudo por eles e depois são abandonados porque crescem, vão cuidar de suas vidas e se esquecem dos pais. Mas mesmo assim é obrigação dos pais dar-lhes todas as condições para que possam vir a ter uma vida boa, normal. O pai paga a faculdade de Vera, que é cara, e fez o mesmo para o irmão mais velho que "iniciou o curso e largou um monte de vezes".

A família tem uma ovelha negra que perturba sua paz: o irmão solteiro de Vera, que briga muito com o pai. Segundo a mãe "ele tem o mesmo gênio do pai"; para o pai ele "é bem irresponsável, não sabe o que quer". O irmão-ovelha negra não se submete à família como os outros, ele se diz diferente dos demais irmãos. "Ninguém tem que dar palpite na minha vida, eu faço o que eu quero. Não quero trabalhar com o meu pai porque ele é um chato, nossas idéias não batem. Ele não aceita o que eu falo. Ele não me respeita."

Já o outro irmão é respeitado pelo pai, mas para isso teve que mostrar sua competência para "se fazer" na vida. É Vera quem diz: "O que ele faz com o irmão mais novo ele fazia com o mais velho. Era autoritário, não aceitava nada que meu irmão falava. Mas um dia meu irmão se encheu, saiu do depósito e falou: 'Não ponho mais os pés aqui'. E foi, trabalhou, ganhou dinheiro, conseguiu ser alguém e então agora meu pai falou se ele queria trabalhar com o meu pai. Então ele pegou e voltou. Meu pai agora respeita muito o meu irmão, acho que porque ele saiu, conseguiu ser alguém, então ele respeita as opiniões do meu irmão. E com a minha irmã, a mesma coisa, ele respeita. O outro mais novo já não, e eu nem tanto".

Os filhos que seguem os modelos de vida adulta "normal" têm o reconhecimento do pai: o filho mais velho, quando "se fez" na vida, a filha mais velha porque é casada, tem filhos e trabalha fora. Vera não pode ter ainda o reconhecimento porque não provou ter direito a ele; ainda é tratada como criança em casa. Já o filho mais novo, além de não ter um trabalho aprovado pela família, é o único que denuncia e enfrenta o autoritarismo paterno, provocando sentimento de ameaça ao próprio grupo familiar.

Há dias em que o pai levanta disposto a fazer provocações a todos. "Ele fica provocando todo mundo até que ele consegue brigar com alguém." Nessas ocasiões, ele implica com tudo; com a comida, com a roupa, com os filhos. A mãe e Vera disfarçam seu mal-estar, enquanto que o irmão o enfrenta. Vera relata como se dá isso na hora do almoço: "(...) então ele começa a encarar, ele pára de comer e fica assim olhando para a pessoa. Eu faço que nem estou vendo, ele fica olhando; e eu como, ele pode ficar com torcicolo que eu nem olho na cara dele, como, levanto e vou para o meu quarto.

Tem vez que eu também não estou muito boa e aí me dá acesso de choro, eu levanto, vou embora pro meu quarto. Agora com o meu irmão não, o meu irmão já enfrenta, meu irmão fala 'O que é que está olhando? Não sei o que há' — e aí sai; os dois brigam e aí minha mãe tem que ficar no meio dos dois''. A mãe sempre serviu de intermediária entre os filhos e o pai, sempre foi o elo de ligação entre eles; quando os filhos têm algo a falar para o pai, é através dela que o fazem.

Na sessão de psicodrama individual Vera monta uma cena típica da família: um jantar na casa da irmã. Estão presentes, além da dona da casa, seu marido, seus dois filhos, Vera e os pais. O ritual do jantar confirma alguns papéis familiares. A televisão está ligada e todos comem com a atenção voltada para ela. Vera, o pai, a irmã e o cunhado estão comendo, os sobrinhos já jantaram e a mãe fica em pé servindo a todos e buscando as comidas no fogão. Não há assunto para conversa. Irritada com o cunhado que fica brigando com os filhos, Vera estabelece um diálogo com a irmã: começa a falar de um exame em que foi aprovada. O pai não fala, apenas come e assiste a televisão. Irrita-se com o barulho que os netos fazem. Quando lhe perguntam, diz que não participa da conversa porque não gosta de conversar, apenas fala daquilo que é importante.

A mãe senta-se depois de servir a todos. Embora não goste disso, já está acostumada. É a última para tudo nessa família. Servir é sua função e faz parte do ritual cotidiano. O marido só come após ser servido por ela; antes ela deve servir todos os outros. Atualmente ele está mudando: aceita ser servido pela filha mais velha. Ele é exigente, ''quer tudo na mão; às vezes eu esqueço de pegar o abridor e ele acha ruim''. Às vezes a mãe pede para as filhas ajudarem mas elas não gostam.

Essa cena revela, além da função serviçal da mãe, a sua atitude passiva diante de uma situação que ela gostaria de mudar, mas não vê como, pois todos estão acostumados com esses procedimentos. É a mesma atitude de Vera em relação à família: gostaria de ter uma família diferente, mas acha que não dá para mudar e passa a desconsiderar sua insatisfação. Nessa sessão de psicodrama individual Vera fez algumas queixas em relação a sua família que depois não apareceram ou apareceram atenuadas nas sessões de grupo. Logo após a dramatização, ela diz: ''Não é a família que eu esperava ter, que eu gostaria de ter. Eu gostaria de ter uma família bem unida, que todos se dessem bem, o que não é o que acontece. Queria que meu pai fosse mais carinhoso com os filhos e que a gente, os filhos, fossem mais carinhosos com ele, ou entre nós mesmos''. Reclama dos irmãos, que sente muito distantes entre si, preocupados em controlar a vida dos outros e que ficam observando para poder criticar quando alguém faz algo errado. Apenas existe uma maior proximidade entre as mulheres. Mas Vera não consegue ver como pode mudar uma situação que acha desagradável. Prefere aceitá-la como é.

No início das sessões de grupo Vera fez poucas referências à sua família. Em certa ocasião comparou a sua família à de um colega de grupo, para afirmar que a sua família não estava tão ruim quanto a dele. Aos poucos, depois de várias sessões, começou a colocar vivências que se referiam a seu papel dentro do grupo familiar. Afirmava ser tratada como criança, como irresponsável e como uma pessoa sem preocupações na vida. Sempre protegida pelos familiares, principalmente pela avó, nunca pôde assumir nenhuma responsabilidade, e agora que tinha ficado adulta, cobravam dela atitudes que não tinha condições de assumir. "Fui acostumada pela minha avó a não fazer nada, a ser servida. Ela morreu e eu continuo da mesma forma. Penso como vou fazer quando casar. Penso em fazer um monte de cursos para não assumir a profissão. Me vejo passiva, vegetando, sem contestar nada."

O que mais lhe era cobrado era o fato de não trabalhar. Vera sentia-se mal ao pensar em trabalhar porque durante o pouco tempo que passara pela experiência considerou-a desagradável. Não gostava do ambiente, das conversas ("O papo era sobre aborto, sexo, coisas que eu não gostava."). De fato sente-se inadaptada em qualquer situação; faz queixas de que na escola não sabe se defender. Em casa, sente-se obrigada a ajudar a mãe nos trabalhos domésticos, mas não consegue.

O movimento de Vera no grupo é contraditório: ela começa a colocar mais claramente seus problemas familiares e depois se retrai. Na 25ª sessão, falando brevemente sobre a mãe, contradiz afirmações anteriores: "A minha mãe tem dificuldades para dar carinho". Às vezes Vera reclama que os terapeutas e colegas deviam cobrar mais a sua fala, para ajudá-la. Mas, quando cobrada, ameaça deixar o grupo. O grupo começa a cobrar de Vera uma definição. Em uma sessão em que é feito um jogo dramático ("A vida de uma família"), Vera se empenha; ao final ela comenta: "É uma família desestruturada, como a minha". Antes do jogo havia dito: "Quando vou à casa de amigos sinto inveja". Na sessão seguinte falta, e quando comparece diz que vai deixar o grupo. Como os motivos apresentados não convenceram, Vera confessa que se sente muito cobrada no grupo, como em sua casa. Recusa todas as propostas de dramatização, mas decide continuar no grupo.

A situação se agrava algumas semanas depois, quando sua mãe fica doente e Vera tem que cuidar dela. Ela sempre foi cuidada e agora é muito difícil fazer essa inversão de papéis. Sente que não suporta tanta responsabilidade, e isso torna difícil seu relacionamento com a mãe. "Eu tenho medo que ela morra. Me apavora demais. Por isso eu fico agressiva quando ela não quer tomar remédio." Essa irritação faz aumentar seu sentimento de culpa: "É muita coisa para minha cabeça. E me sinto culpada porque ela nunca precisou da gente. Agora ela precisa...". Para ela a mudança foi muito brusca, sente-se incompetente. "O que está me abalando é que eu sempre fui tratada e agora tenho que tratar da minha mãe. Foi muito rápida a tomada de responsabilidade. Eu não estava preparada."

Enquanto se sentiu incomodada por esta situação, Vera ainda falou algumas vezes sobre seu relacionamento com a mãe, mas sempre deixando claro que queria apenas falar, pois tinha medo de dramatizar. Com a melhora das condições de saúde da mãe, Vera tornou-se menos ansiosa até o final das sessões grupais. Na ocasião em que o grupo realizou um teste sociométrico, a conduta de Vera tornou claro sua forma imatura de relacionamento. Ao responder o teste foi a única pessoa que escolheu a todos os membros do grupo (o critério sociométrico era escolher as pessoas com quem quisesse se encontrar para ter uma conversa pessoal). Vera foi escolhida apenas por duas pessoas e, seguindo as normas do teste, marcou os locais de encontro com cada uma delas, aceitando o que elas sugeriram. Depois se esquivou de um dos encontros que se realizaria num bar por achar que não ficava bem ser vista com um rapaz em tal lugar.

Durante a sua terapia, tornam-se evidentes dois aglomerados de crenças familiares: um referente ao papel de filha menor e outro referente à própria representação que a família faz de si. No primeiro caso o que emerge é o sentimento de incompetência de Vera diante das demandas da vida familiar e extrafamiliar. Ela tanto se sente incompetente para cuidar da mãe, quanto para cuidar de si fora do mundo familiar. Nunca aprendeu a tomar decisões ("Sempre preciso de aprovação; em casa peço ordem até para comer uma maçã."). Sempre cuidaram dela. A escola completou a família ao ensinar-lhe as regras sobre a forma de reger sua vida: nunca decidir e nunca contestar. Falando de sua infância, diz: "Lembro do primário e do ginásio, onde diziam que a gente deveria ficar quieta e nunca ir contra. E eu era considerada aluna exemplar. Em casa nunca tive tempo de me defender, era sempre protegida por alguém. Sempre discutiram e escolheram as coisas por mim". Agora, porque isso se torna necessário, a família exige que Vera seja adulta.

Essa sensação de incompetência se manifestou várias vezes no grupo sob diferentes aspectos. Uma vez Vera disse se sentir perdida, confusa em relação a tudo. Outra vez, ao final de uma sessão disse ter ficado aflita por perceber que era a única no grupo de terapia que não havia descoberto nada de si. Numa das últimas sessões de grupo, contou que havia assistido a um filme sobre excepcionais e que se sentiu arrasada porque percebeu o quanto sua vida era superficial. No dia seguinte foi visitar um hospital psiquiátrico e ficou com medo. Achou que não estava preparada para ser psicóloga.

Essa incompetência de Vera, originada no tratamento infantil que sempre recebeu, incapacita-a tanto para as coisas práticas que lhe são cobradas, como para uma vida afetiva satisfatória: sempre servida, nunca podendo desenvolver relações afetivas responsáveis, Vera sente-se também solitária, sem condições de ter amigos. Atualmente ela vai passando para o noivo a função de suprir todas as suas necessidades. Ela sente que o papel de proteção que a família desempenhava para ela, e que agora se recusa a continuar desempenhando, vai sendo passado para o noivo. Por isso é um relacionamento que ela quer preservar a qualquer custo. Quando seu relacionamento com o noivo começa a apresentar conflitos, Vera sente-se irritada com ele. Toca nesse assunto nas sessões, mas sempre procurando destacar as qualidades do noivo, como se estas amenizassem a "chateação" que ela atribui ao relacionamento. Já na 8ª sessão grupal, após colocar as dúvidas que estava sentindo, pois não sabia se realmente gostava do noivo, disse ter certeza que ele era o homem que iria fazê-la feliz. Ela tem medo de se transformar pela ação da terapia e acabar não se casando com o noivo atual. Por isso ela se controla muito em todas as sessões. "Não quero correr o risco de mudar, brigar com o Jorge. Se eu tiver que brigar com o Jorge, eu largo a terapia: ele é tudo o que eu quero." Pouco depois continua: "Não é que eu não quero mudar. Acho que a gente sempre tem que mudar, mas tenho medo. Já pensei e tenho medo de chegar à conclusão que Jorge não é o que eu quero, de ter que procurar outro namorado. Vejo os rapazes na Faculdade e não me animo. Tenho medo de ter que construir outra vida afetiva. Acho que o relacionamento com o Jorge está ótimo. Mas será que está ou eu valorizo para não mexer?". Assim, a terapia é vivida ao mesmo tempo como uma esperança — mudar de vida e ser mais feliz — e como uma ameaça — perder a oportunidade de se casar. Não casar significa contrariar as expectativas que lhe são impostas.

Nesta última frase Vera explicita o outro fundamento ideológico de sua família: não se deve mexer nas coisas que são consideradas normais ou naturais. Desde criança ela aprendeu a não contestar nada. Dentro da família nunca pôde colocar em xeque a idéia de família que lhe era transmitida, principalmente quando sentia que essa idéia não combinava com a realidade percebida. O único componente da família que fazia essa denúncia era considerado anormal, como a "ovelha negra". Mesmo no contexto psicoterápico, Vera nunca vai até o final numa investigação sobre suas relações familiares: há sempre o medo de que o resultado possa ser uma nova percepção e um novo posicionamento seu diante da família. E isto a assusta.

Por tudo isso Vera não pode ser dona de suas próprias decisões, de sua própria vida. Para isso é necessário rasgar o *script* já elaborado por outros e trilhar um caminho, a princípio, desconhecido. Como este é perigoso, é necessário soterrar as contestações que se avolumam. E a escolha lhe é proposta pela tradição familiar: quando não é mais possível manter esse papel de incompetente, de protegida, na família de origem, Vera passa a investir na formação de outra família onde haverá espaço para continuar com esse papel: o casamento.

CASO 3

Ana tem 24 anos, é a sexta entre dez filhos, dos quais oito são do sexo masculino. É a mais velha das filhas. Seu irmão mais velho tem 31 anos e o mais novo tem 17. O pai trabalha como construtor autônomo em cidade do interior, onde reside. Sua mãe é doméstica.

Até os 18 anos Ana morou com a família, quando então mudou-se para fazer o curso de Psicologia. Depois de formada, mudou-se para São Paulo onde reside há quase dois anos. Inicialmente morou na casa de uma tia, mudando-se depois para uma república onde reside atualmente.

Durante a maior parte do tempo em que morou em São Paulo trabalhou como secretária, em regime de meio período. Eventualmente assumiu alguns trabalhos temporários. Ao final das sessões de grupo estava desempregada.

Ana procurou tratamento psicoterápico por iniciativa própria: "porque desejo ter conhecimento do processo psicoterápico e porque sinto que tenho uns pontos em suspenso na cabeça". Esperava que a terapia a ajudasse a ser mais ativa, significando com isso "ver o que tem que fazer, e fazer, principalmente em relação à família, trabalho e sexo". Foi o que disse na primeira entrevista.

Ana freqüentou sessões de psicodrama bipessoal durante aproximadamente quatro meses. Durante o processo grupal faltou a oito sessões e foi protagonista apenas uma vez.

Embora tivesse dito na entrevista inicial que havia muito o que mudar em sua vida, principalmente sobre família, trabalho, sexo, Ana falou mais sobre família, pouco sobre trabalho e quase nada sobre sexo. Embora a família estivesse presente nas suas queixas, durante o processo grupal ela trouxe poucas novidades sobre a família, além daquilo que já havia sido colocado na sessão do psicodrama individual.

Ao fazer isso estava transportando para o contexto grupal o papel aprendido no grupo familiar, pois sempre aprendera a não falar das coisas que a incomodavam. Esse não falar "na família" foi levado para o grupo como um não falar "da família", embora sempre insistisse na necessidade de trabalhar temas referentes à sua inserção no grupo familiar.

Desde o início o pai de Ana é apresentado como núcleo do seu drama familiar. É a pessoa com quem Ana mais quer falar e não consegue. O relacionamento entre os dois nunca pode ser discutido abertamente, assim como o relacionamento do pai com todos os outros membros da família é fonte de tensão mas não pode ser tema de conversa. Faz três anos que ele tem uma amante, isso é sabido pelos filhos, mas ninguém conversa com ele sobre esse assunto. A cena escolhida por Ana para ser dramatizada na sessão de psicodrama individual sobre família é uma refeição, onde estão presentes, além de Ana, o pai, a mãe, a irmã e dois irmãos. É uma situação tensa onde o silêncio é pesado. Quando, depois de montado o cenário, é pedido a Ana que inicie os diálogos que compõem a cena, ela diz: "Que diálogos? Não tem diálogo! Há apenas frases banais do tipo passa a salada, chegue um pouco mais para lá". Ana sente-se bastante incomodada por esta situação. Assim se expressa num solilóquio no início da cena. "Poderia ser a hora que se aproveitasse para se conversar alguma coisa em termos da própria família. Conversar e definir alguma coisa. Tem muita coisa para ser definida, os próprios papéis, de quem faz o que, e para que e por quê. Minha mãe, apenas de eu falar, se percebe que ela é um fantoche, que só basta a vida dos filhos e não se importa com ela (...) Não só o caso de meu pai, mas a própria situação da minha mãe, que isto é terrível, e a própria situação da casa, que não está numa situação boa, tá na cara né, o funcionamento de um modo geral."

Ana gostaria que não fosse assim, mas não consegue fazer nada para mudar o quadro familiar. Chega até a tentar uma explicação: "Existe um clima assim de falta de costume de se falar, de se dizer o que sente ... ou de vergonha ... realmente não se sentir bem falando aquilo que sente. Acho que as pessoas não têm consciência disso. Eu tenho, mas não consigo me libertar. (...) Uma coisa que eu realmente não gostaria que acontecesse e não gostaria de fazer esse jogo. Porém, eu faço esse jogo, né, eu participo desse jogo, porque quando eu estou na minha casa eu entro no jogo do meu pai".

A mãe também se ressente da falta de comunicação, mas seu incômodo não é tão grande quanto o de Ana e se sente reconfortada pela presença dos filhos: "Acho que deveria se conversar um pouco mais. Tenho a impressão de que se uniriam um pouco mais. Estou me sentindo bem porque alguns filhos estão em volta da mesa comigo".

Para o pai a situação também não é agradável, mas para ele a ameaça está no rompimento do silêncio. No solilóquio ele diz: "Vou almoçar rápido como sempre, depois vou sair. Vou ao banco, essas coisas assim. Hoje está totalmente igual a todos os dias porque eu não converso e não tenho o que falar e gostaria de comer assim mesmo. Eu nunca converso porque eu acho que não tem necessidade de se conversar sobre essas coisas. Resolvo sozinho".

O único que não está incomodado pelo silêncio é um dos irmãos de Ana. Seu incômodo é outro: "É um saco sentar na mesa com os irmãos, minha mãe e meu pai. Fica apertado e realmente eu não gosto muito de me sentar assim. Fica difícil se mover e geralmente também não gosto muito do tipo de comida que a minha mãe faz".

Ana está sempre querendo falar com o pai, que por sua vez quer silêncio. E ele sempre vence, pois Ana nunca consegue sequer se aproximar do pai. Esta complementação de papel que Ana tem com seu pai a faz sentir-se fraca em oposição à sua força. Nas sessões grupais foram poucas as vezes em que Ana falou sobre família sem que o desejo frustrado de conversar com o pai se manifestasse. Na 3ª sessão, na qual é dramatizado o confronto de um membro do grupo com o próprio pai, Ana diz: "Chorei durante a dramatização. Também não consigo falar do meu pai". Na sessão seguinte diz: "Tenho uma vontade muito grande de entrar em contato com o meu pai e de me colocar. Idealizo essa situação de confronto para ficar mais aliviada. Estou ansiosa para que chegue logo esse momento, mas não me sinto preparada". Em outra sessão diz: "Poderia dar muita coisa em casa, mas sou muito irritada com meu pai. Nunca conversei com ele. Nunca cheguei perto". Na 18ª sessão quando se discute a relação pai/filho, uma colega pergunta a Ana se seu pai é violento, Ana responde: "Você está perguntando uma coisa que eu não quero falar. Há coisas que aconteceram em casa com meu pai que eu quero conversar com ele e não consigo. Diálogo nunca houve. Vai ter que ser uma conversa mais profunda". Na 32ª sessão Ana é protagonista. Para que isso acontecesse foi preciso que ela se sentisse excessivamente angustiada, pois há várias sessões vinha se mostrando aquecida, mas com muito medo de dramatizar. Como sentia necessidade de dramatizar, falar de sua família e não conseguia, Ana saía mal das sessões. No aquecimento diz: "Quero ajudar a minha mãe e o meu pai, ainda não ajudei em nada a minha família. Gostaria de conversar, de tocar, de demonstrar que estou presente. Não consigo. Sinto-me envergonhada de expressar sentimentos e meu pai de receber. Não há a prática na família de se mostrar carinho". A cena dramatizada é um encontro de Ana com a mãe em São Paulo. A mãe lhe conta que o pai tem outra mulher e pede para Ana intervir junto ao pai, insinuando que foi a sua ausência que levou o pai a arrumar uma amante: "Teu pai, depois que você saiu de casa, não está mais do jeito que ele era; chega tarde em casa. Ele tem outra mulher. Eu estou lá agüentando. Queria que você fosse conversar com ele pra ver se ele larga da mulher. Alguma coisa você tem que fazer. Você é a única que pode fazer isso". Ana fica confusa e não sabe o que fazer. Fica com muita raiva do pai; considera-se traída. Algumas pessoas do grupo dizem a Ana que sua reação à notícia foi mais de uma esposa traída do que de filha. Na sessão seguinte Ana confirma este sentimento. Na 38ª sessão Ana volta a falar do pai: "Tenho uma vontade tão grande de odiar meu pai, odiar mesmo, mas é uma coisa que eu tenho medo. Estou muito confusa. Por que amar e odiar ao mesmo tempo? Ou só amar ou só odiar. (...) Tenho vontade de chegar em casa e brigar com o meu pai. Preciso de dinheiro, mas me sinto muito humilhada de pedir para o meu pai".

A análise dessas falas mostra aspectos importantes da dinâmica das relações afetivas e de poder, em que se insere Ana: mantendo e sendo mantido pelo poder patriarcal, o pai é o ponto de maior concentração de poder na família. A sua antítese é a mãe, bem como os filhos. O pai, preocupado com o trabalho, nunca pode dar atenção e carinho para os filhos; a mãe, ocupada com as tarefas domésticas e a educação de dez filhos, também não pode dar a cada filho a atenção de que eles necessitam. Esse papel de provedor afetivo foi desempenhado por algum tempo pela avó de Ana: "A minha mãe não dava esse carinho para ninguém. Então eu ia buscar na minha avó, que dava para todos. Cada um se sentia o único". Entretanto a avó morreu e Ana ficou desprotegida. A mãe poderia hoje ser sua proteção, mas Ana acaba se sentindo até obrigada a proteger a mãe que também está muito fraca. "Quando vou para casa fico agarrada na saia da minha mãe como se quisesse consolo, procurando nela alguma coisa. Ela fala que põe em mim essa força para continuar vivendo e enfrentando. Para continuar lutando e enfrentando a vida que ela leva." Existe uma identificação de Ana com a mãe, a partir da situação de fraqueza que as duas vivem. É por isso que, ao saber que o pai tem uma amante, Ana se sente traída e abandonada por ele. Este sentimento de abandono se torna mais agudo quando o pai, alegando dificuldades financeiras, pára de lhe mandar o dinheiro destinado à sua manutenção e ao pagamento da faculdade. Criada no meio de dez irmãos, ansiando sempre pela atenção do pai, não podendo contar com a proteção da mãe, Ana sente-se uma pessoa frágil e abandonada. Seu sentimento de solidão é muito grande, assim como também é grande o medo de enfrentar qualquer situação onde tenha que definir sua posição. O único vínculo afetivo referido como satisfatório é o que mantém com o namorado que é tudo o que ela possui em termos afetivos. Essas atitudes e sentimentos desenvolvidos por Ana no seu papel familiar se irradiam por todos os papéis desempenhados. Assim, por várias vezes ela manifestou as dificuldades que encontra para participar de qualquer grupo, ou para se fazer ouvida e ocupar um espaço a que julga ter direito. "Faço tudo sem a certeza de que é mesmo o que eu quero. Não tenho posição pessoal diante das coisas." Várias vezes reclamou das condições de trabalho, que não a satisfazem, mas que também aceita passivamente: "Não me dou o direito de reivindicar".

Grande parte de suas intervenções referiram-se às dificuldades inerentes à sua própria participação no grupo. Várias vezes recusou-se a falar tudo o que sentia ou a dramatizar, pois o medo a impedia de colocar ao grupo todos os seus sentimentos e pensamentos. Às vezes começava a falar, logo se controlava, e isso a fazia sentir-se mal após a sessão. Várias vezes disse que tinha algo a tratar, mas que não conseguia. "Eu não queria falar, pois estou mal. Da outra vez que eu estava, eu falei e saí mal daqui. Eu não quero falar porque estou mal e não quero sair pior." Em várias situações as características de seu vínculo com o pai — seu poder de decisão sobre a vida dos filhos e a não consideração dos desejos de Ana — foram deslocadas para sua relação com os terapeutas. Por três vezes julgou-se desconsiderada por eles. Já no início das sessões do grupo, ficou irritada porque achava que T1, um dos terapeutas, estava protegendo uma colega de grupo: "Parece que você sabe coisas a partir da terapia individual e fica puxando ela". No final da 6ª sessão reclamou porque recebera uma "cortada" de T1 enquanto falava, e porque ela lhe fizera várias perguntas sem receber resposta. Disse também que, enquanto ela estava falando, T3, uma das terapeutas, pediu um cigarro para um dos colegas de grupo e depois mudou de assunto ("como se eu tivesse saído"). Na 36ª sessão, após uma sessão que fora suspensa porque não tinha havido *quorum*, T1 perguntava, logo no início, o motivo das faltas. "Você dá primeiro a palavra para os que faltaram e não para os que vieram", protestou Ana.

Três sessões depois, Ana apresentou-se, juntamente com mais três colegas, com assuntos para tratar. Os quatro discutem e decidem quem seria o protagonista. Ana não é escolhida e concorda. Na sessão seguinte falta. Quando comparece à sessão, perguntam-lhe porque faltou, e ela responde: "Porque não estava inspirada". Depois reclama dos terapeutas: "O poder na terapia está com os terapeutas ou com os pacientes? A gente fica marionete aqui; estou questionando isso". Depois fala sobre a sessão em que não fora escolhida para protagonista: "Eu sinto como se vocês tivessem me jogado pela janela e depois corrido para me pegar. Me senti abandonada, largada. Não fui percebida; agora colocar que o poder não está com vocês é como dizer que não abandonaram". Algumas vezes, sentiu-se também abandonada pelos colegas de grupo. "Estou brava comigo mesma por um monte de coisas. Acho que seria melhor fazer terapia individual. Numa sessão falei bastante, me coloquei. Na sessão seguinte não veio ninguém. Fiquei decepcionada. Achei que ninguém estava dando bola para o grupo."

Assim é Ana tanto no grupo, como na sua família: insatisfeita, querendo se colocar, mas não conseguindo e se sentindo abandonada, triste, solitária e injustiçada.

Essa impossibilidade de se falar abertamente das coisas que realmente importam para cada um é uma característica básica do grupo familiar de Ana. Embora Ana sinta maior dificuldade em relação a seu pai, essa tendência aparece de uma forma geral em todos os seus relacionamentos. Até mesmo com sua mãe, a pessoa com quem mais se identifica, Ana se sente impedida de falar abertamente. "Quase todo dia ligo para a minha mãe, mas digo as coisas muito sutilmente, nunca claramente. Acho que ela é extremamente insatisfeita na vida." Pouco antes havia dito: "Quando duas pessoas conversam, cada uma fala de uma coisa sua. Uma não ouve a outra". Todos na família têm dificuldades para conversar.

Atualmente, o silêncio na família está articulado a dois pontos básicos da ideologia presente na família burguesa: a concepção de casamento monogâmico e a crença na inferioridade da mulher. Um fato colocou por terra a crença na monogamia: o pai tem uma amante. Embora todos saibam, ninguém fala abertamente sobre o fato. Na sessão de psicodrama individual sobre família, vários irmãos de Ana manifestaram uma mudança em relação ao pai, usando as seguintes expressões: "Meu pai agora já não merece tanto respeito da gente, não merece assim o amor que a gente tinha por ele". "Não me importo com o meu pai depois que ele arrumou essa mulher. Perdeu a dignidade." "Depois que ele arrumou essa mulher eu não quero mais saber dele. Só converso o essencial." Todos mudaram sua atitude, mas ninguém fala com o pai sobre o fato que provocou tal mudança. Conversar sobre isso seria arriscado, pois o confronto poderia levar a uma briga e provocar uma separação entre os filhos e o pai, o que também é condenável pelos valores familiares — "(...) são pessoas sofridas e são velhos; trabalharam a vida inteira para criar os filhos", diz o filho mais velho —, ou então à aceitação da bigamia, pois, se conversam, pode acontecer de não brigarem e o pai não se separar da amante. Com a explicitação, o fato, ora condenado, passaria a ser aceito na atual condição.

Para a mãe o dilema é o mesmo, ela também gostaria de poder expressar suas mágoas, mas se vê impedida: "Dói por dentro um monte de coisas, mas eu não falo nada, só choro...". É a mesma estrutura de conduta assumida por Ana na vida e explicitada no grupo de psicodrama. Também para a mãe seria arriscado conversar com seu marido, pois isso provocaria duas possíveis alternativas: a institucionalização da bigamia ou a separação. A primeira seria inaceitável, pois significaria o reconhecimento da divisão de seu espaço de companheira, além de ser moralmente intolerável pela família. A segunda seria insuportável, pois ela não conseguiria viver de outra maneira. "O relacionamento com o meu marido não é dos melhores, mas eu prefiro assim do que me separar. Não posso viver longe dele por um monte de coisas que eu aprendi. Então não dá para viver longe dele, uma porque eu gosto e também porque é assim que tem que ser. Aprendi com o meu pai e com a minha mãe." Vemos claramente a força da ideologia atuando no sentido de apresentar a família como ela deve ser e não como ela realmente é. Mesmo se sentindo enganada, traída, a mulher deve manter-se fiel a seu marido. É o machismo assumido pela sua vítima, o mesmo machismo, que tem na desqualificação da mulher uma de suas importantes manifestações. É também o reconhecimento de que a monogamia do casamento é apenas aparente porque fixa direitos diferentes para o homem e a mulher. Assim a família de Ana continua seu caminho, sentindo-se incomodada pela situação, mas não podendo explicitar este sentimento. O importante é fazer de conta que o fato que incomoda não existe. Fingir é a única forma de perpetuar o *status* familiar. "Já conversei bastante com a minha mulher, no sentido de demonstrar para ela que eu realmente não tenho outra, que isso não tem nada a ver. Acho que ela acredita. Pode não acreditar, mas finge que acredita e isso é o que basta", diz o pai.

Esta situação em que o desejo de um prevalece sobre o dos outros, os quais mesmo sentindo-se incomodados são impotentes para uma ação transformadora, viabiliza-se através de uma estrutura de poder que é sustentada pela ideologia e se evidencia numa rígida definição dos papéis sociais. O pai, pólo de poder, é a pessoa responsável pelo provimento material da família, sua função é trabalhar. Na sessão de psicodrama individual dedicada à família ele diz: "Trabalho o dia todo, não tenho tempo para descansar". O trabalho da mãe não é considerado trabalho; e aí já começa a desvalorização do papel feminino. Enquanto para o pai o trabalho é algo em si, a mãe tem por função servir ao marido e aos filhos: "Levo vida de dona de casa, em função dos filhos e do marido. Minha função é cuidar para que tudo ande em ordem". E a própria mãe define a posição de poder do pai: "O marido participou da educação dos filhos como pai. A função do pai dentro de casa é de coordenar, de ordenar assim, de mandar nos filhos para eles fazerem as coisas. É o chefe da casa".

O "chefe" tem poderes para exigir o que quer de seus subordinados e isto faz com que seja percebido como autoritário pelo filho mais novo: "autoritário no sentido de exigir e não explicar direito por que ele está exigindo. (...) exigir que eu lave o carro dele todo o fim de semana, sendo que eu nem entro no carro dele. Ou querer que eu engraxe os sapatos dele, coisas assim. Fala 'Faz' e pronto".

Se o pai tem o poder, o que sobra para a mãe? A impotência. Se o pai pode não só decidir sobre a sua própria vida como também sobre a dos outros, a mãe vive exatamente em função dos outros, no sentido de viver servindo. Na dramatização do almoço familiar, na sessão de psicodrama individual, Ana pensa nos dois: "... se percebe que ela (a mãe) é um fantoche, que só basta a vida dos filhos e não se importa com ela", e quanto ao pai, acha que ele deveria "perceber que não é porque é o chefe da família que ele é inabalável, que ele é uma pessoa inatingível, no sentido de (...) nem falar com você, de você conversar com ele e ele admitir que está errado".

Se a mãe não tem um projeto próprio para sua vida, não pode tomar qualquer decisão que vise transformar essa vida insatisfatória. Ela sempre vai depender dos outros e é por isso que Ana diz que não consegue se apoiar na mãe, pois sente que ela própria precisa receber mais apoio, porque é fraca. Além disso sua identificação com a mãe a incomoda, pois percebe que a mãe é tudo aquilo que ela não quer ser. "Agora ela se acha velha, não tem identidade. Vive em função dos trabalhos domésticos. Eu também estou me sentindo sem identidade." O casamento da mãe passa a ser um antimodelo. "Se eu fosse pegar pelo casamento dos meus pais, eu nunca deveria me casar. Mas acho que é diferente a forma como eles pensam e a forma como eu penso."

Será que Ana consegue além de pensar diferente, agir de forma diferente dos pais ou mais especificamente da mãe? Sua presença no grupo reproduziu o seu papel no grupo familiar, no qual tem uma posição semelhante à da mãe. Por isso sentia-se muito carente, insegura, sempre querendo falar, nunca conseguindo e por isso sentindo-se impotente.

Sua queixa principal, tanto na sua história de vida quanto na sua participação no grupo, era a impossibilidade de falar. Para ela, esse papel era o único que pode ser desenvolvido em sua família, típica família pequeno-burguesa, na qual os valores são transmitidos, sem nunca poderem ser discutidos a fundo porque correriam o risco de serem desmascarados e de perder sua força de controle das condutas. Nessa família, valores como amor e afeto são tidos como importantes, porque necessários à manutenção da idéia de família, mas a realidade é adversamente outra. Apesar de tudo isso, Ana numa sessão sintetizou em algumas palavras a sua situação, tanto no grupo quanto em sua família: "Eu preciso me sentir amada para poder falar".

CASO 4

Helena tem 32 anos, é a nona entre doze filhos, dos quais nove (três homens e seis mulheres) são vivos atualmente. Mora em São Paulo há onze anos. Antes morava numa pequena cidade do Nordeste. Seu pai, já falecido, era proprietário de uma loja de armarinhos. Sua mãe é doméstica.

Na sua região de origem Helena completou o curso Normal; em São Paulo, formou-se em Pedagogia há dois anos. Trabalha como chefe de setor em uma grande empresa de prestação de serviços, na qual ingressou há onze anos, aguardando oportunidade para se transferir para o setor de Treinamento da empresa.

Helena é desquitada, mora com uma irmã solteira, uma irmã casada, o cunhado e três sobrinhos. Todos vieram também do Nordeste para morar com ela, atendendo a seu convite.

Helena procurou tratamento psicoterápico por ter perdido o controle emocional. Isso significa descontrolar-se por coisas mínimas. Esse descontrole é acompanhado por tremores em todo o corpo. Disse ter chegado a um ponto em que "não dá para carregar mais sozinha". Esses sintomas começaram há aproximadamente oito anos.

Helena faz consultas psiquiátricas regularmente porque tem problema cardíaco e não pode ficar tensa. Toma medicação tranqüilizante, queixa-se de insatisfação no trabalho e de dificuldades na área sexual.

Durante aproximadamente um mês e meio Helena participou das sessões de psicodrama bipessoal. No grupo foi protagonista uma vez.

Helena inicia sua participação no grupo falando de seu descontrole emocional e das reações corporais a que ele está associado: tremores, dores nas pernas, vômitos e labirintite. Na quarta sessão faz a ligação desse seu estado com a sua solidão e sua família: "Acho que começo a adoecer sempre que percebo que estou só. Se ficar doente não tenho quem cuide de mim. Não sei se a minha família vai me levar para o hospital, se for necessário. As pessoas não se preocupam comigo porque sempre consegui resolver meus problemas sozinha. Estou me sentindo só e isso dói. Quando operei a perna me senti só porque não tinha ninguém junto. Agora sinto-me só, mesmo tendo familiares junto".

Essa associação entre sentimento de solidão e família define o modo das principais intervenções de Helena no grupo. A esse binômio junta-se também o sexo, sempre tocado de forma muito breve e incompleta. Na sessão de avaliação Helena disse que esse tema era um dos principais a ser tratado, mas que ela não conseguira fazê-lo por vergonha.

Todas essas ligações entre família, sexo e solidão são praticamente dadas a partir das sessões de psicodrama individual sobre os temas família e sexo, que nos permitem a análise das representações ideológicas familiares de Helena. As verbalizações e a dramatização, na única vez em que foi protagonista, apenas complementaram o que foi colocado nas sessões de psicodrama individual.

Na sessão sobre família foi entrevistada psicodramaticamente Ângela, irmã mais nova que, juntamente com o marido e os três filhos, mora com Helena. É a pessoa afetivamente mais próxima de Helena desde quando moravam na casa dos pais. Era ela quem conseguia dinheiro dos pais para comprar coisas para Helena, quando o pai a castigava não lhe dando dinheiro. Quando Helena estabilizou-se em São Paulo, chamou-a com os filhos e o marido para morarem juntos. Ângela é quem toma conta da casa. Seu marido e sua outra irmã solteira trabalham fora. Helena participa com 60% na composição do orçamento da casa. Ângela diz de Helena: "Ela se preocupa bastante comigo, com os meus filhos; ela procura dar o melhor pra gente". Depois de dizer que uma ajuda a outra, define as formas dessa ajuda: "(...) eu colaboro com ela, ela tem as coisas tudo direitinho. Em compensação ela retribui, dando conforto material. Ela trata as crianças como se fossem filhinhos dela. As crianças também são muito apegadas a ela (...) A Helena é como se fosse o pai da casa".

A cena escolhida por Helena para dramatizar contém a síntese da sua relação com os sobrinhos: ela chega em casa e eles estão todos esperando-a para mostrarem os brinquedos que haviam ganhado dela. Durante a cena, através de solilóquios Helena expressa os componentes de seu relacionamento com eles: "Eu dou muito carinho para eles. O que eu tive falta para mim eu procuro dar para eles". Na 25ª sessão viria a dizer: "A única coisa que eu realmente gosto são os meus três sobrinhos. Parece que são carentes como eu. Consigo expressar para eles o que não consigo expressar para os adultos. Eles não vão me decepcionar". Helena preocupa-se com a educação dos sobrinhos: "Eu insisto para eles estudarem. Quando chego em casa pergunto se eles fizeram a lição. Quem não fez eu ponho para fazer". Também se preocupa com o futuro deles: "Espero que no futuro eles possam arrumar um emprego melhor e não precisem pegar no pesado". Para isso, eles, além de estudarem, devem ser bem orientados: "Procuro selecionar as amizades deles para que não fiquem com crianças que não freqüentam escolas ou que não estão seguindo a vida boa (que vivem em ambiente ruim, sem cultura, que ficam nos bares e são acostumados a falar palavrão e a pegar as coisas dos outros)".

Ao dramatizar uma cena da sua família de origem, escolhe aquela em que é levada para casa pelo irmão, que fora buscá-la numa festa e que a agride ao chegar em casa. Antes de definir a cena Helena disse ser difícil porque havia saído de casa há muitos anos. Depois lembrou-se dela com todos os detalhes. Foi uma cena bastante marcante. Helena, muito jovem, tinha um namorado bem mais velho, de quem gostava muito. ("Talvez eu tenha me apegado a ele justamente pela minha carência afetiva que eu tinha eu casa. Ele, por ser mais velho, me agradava muito, viajava e trazia coisas para mim.") Tinha relação sexual com ele, não porque sentisse necessidade mas porque ele queria. Como gostava muito dele fazia tudo o que ele quisesse. A família descobrindo, exigiu o casamento. Casaram-se. Mas como ele não queria se casar, separaram-se no dia seguinte. Helena tinha então 14 anos. O casamento era uma forma de limpar o nome da família e para que ele continuasse limpo Helena, agora mulher separada, não poderia ter contato com nenhum outro homem. É por isso que o irmão fora buscá-la na festa e a tratava violentamente.

A cena se inicia quando, ao chegarem em casa, o irmão joga-a no chão, xingando-a. Helena está com raiva, sente-se incompreendida, pois não passa pela sua cabeça ter caso com nenhum homem, uma vez que ainda não esqueceu o marido. O pai lhe diz: "Essa pinóia não presta mesmo. A gente se sacrificou tanto por ela e ela só traz desgosto para a gente. Se é pra continuar assim é melhor que você saia de casa, pelo menos a gente não vê mais e não passa vergonha". Depois diz: "Os outros vão ficar falando dela; se vêem ela conversando com um moço, né. Aqui é um lugar pequeno e todo mundo fala isso. Pode ser que ela esteja só conversando ou dançando, mas os outros não vão pensar nisso". Depois fala que o casamento de Helena fora motivo de desgosto para a família: "Queria que fosse um casamento direito. Desse jeito não. Casou porque tinha que casar mesmo; para não ficar em casa sem casar. Agora tá em casa sem marido mas tá casada. Agora tem que zelar pelo nome dela. Pra manter o nome limpo tem que ficar isolada". O irmão pensa como o pai e diz que bate o quanto for necessário: "Se ela quiser continuar aqui com a gente vai ter que modificar. Longe daqui ela pode fazer o que quiser".

O pai, que nunca bateu nos filhos, é quem manda o filho bater em Helena. A mãe, que acha que a filha não pode ficar fechada em casa, não concorda com o marido e com o filho, mas não consegue impedi-lo de bater na irmã com o apoio do pai. A tudo o que ela pede o marido atende, menos a isso.

Essa foi uma fase dura na vida de Helena. Discriminada entre os irmãos, era a única que não podia passar para dentro do balcão na loja do pai. Ela estudava numa cidade próxima, pois na sua cidade não havia o ginásio e nem o Normal. O pai lhe dava o dinheiro exato para pagar a pensão e a escola, e, às vezes, a mãe ou a irmã mais nova lhe arrumavam alguns trocados, escondido do pai. Terminando o curso Normal, Helena decidiu mudar-se para São Paulo.

Na sessão de psicodrama individual sobre sexo, Helena fala de suas dificuldades: não consegue ter prazer. No ato sexual seu corpo fica totalmente tenso, enrijecido. A cena dramatizada é uma relação sexual com o namorado. Helena sente-se bem com a situação que antecede a relação sexual. Excita-se e gosta das trocas de carícias, mas na hora da penetração fica tensa. "A sensação é de estranheza. Parece que não sou eu que estou aqui." É pedido a Helena que se entregue à sensação de enrijecimento e depois que seja, psicodramaticamente, esse enrijecimento. Ele diz então: "Existo há aproximadamente oito anos. Comecei a aparecer quando Helena começou a ter relação sexual assim por ter, mais do que por necessidade; mais por ter necessidade de ter um parceiro, para ter uma companhia. As pessoas não querem só a companhia, querem algo mais, o sexo". Portanto as dificuldades de sexo de Helena reaparecem quando ela repete o que fazia com o marido, quando namoravam: embora sem sentir necessidade, mantinha relações sexuais com ele para agradá-lo, para mantê-lo a seu lado.

Voltando a seu papel, na dramatização, Helena continua a falar de sua sexualidade: "O sexo é usado para prender as pessoas, mas quando as pessoas se mostram interessadas em ficar junto eu mesma me afasto por medo de perder, de ter outra decepção. Medo de assumir, de me entregar e depois o cara ir embora. Ao mesmo tempo que eu quero eu fico com medo. E arrumo justificativa. Sempre duvido. Não consigo confiar plenamente".

Estão aí delineadas as imbricações entre família, sexo e a solidão vivida por Helena. Por não se sentir amada na família, ela se entregou totalmente ao primeiro que lhe deu atenção e tornou-se vítima da ideologia moral de sua família, ganhando o seu desprezo e perdendo o companheiro. Helena tornou-se incapaz de estabelecer qualquer relacionamento afetivo estável, pois, ao mesmo tempo em que sente falta de uma companhia, defende-se, de medo de vir a sofrer uma nova perda.

Em função da participação de Helena no tratamento psicodramático, a análise de sua família mostra a importância que nela assume a ideologia moral, onde se evidencia a posição desfavorável da mulher. Quando em uma comunidade pequena onde o contato próximo e constante favorece o maior controle das condutas de seus membros, a família de Helena explicita os mecanismos de marginalização dirigidos contra aqueles que transgridem as normas referentes à sexualidade feminina. Vemos nisso a intervenção do tabu da virgindade e da exclusividade conjugal. Por não ser mais virgem, Helena não pode continuar solteira, sem ter o nome desonrado; é necessário, pois, que se case com quem a desvirginou. Esse casamento não é decidido pela vontade dos envolvidos; quem o determina são as circunstâncias. O marido, agora sim, fazendo valer sua vontade, desfaz unilateralmente o casamento. Para a família, Helena precisava se casar, mas não era necessário que permanecesse casada. Agora ela podia não ser mais virgem, podia ter uma vida sexual, mas apenas com seu marido. Como ela estava sozinha, não tinha mais marido, deveria assumir a abstinência sexual. Mas como conseguir a abstinência de alguém que não tem mais a virgindade a preservar? Impedindo-a de qualquer contato com homens. Helena fica, pois, casada sem marido e isolada. O simples contato com qualquer homem sendo considerado nocivo, Helena não pode sequer conversar ou dançar. Se quiser fazê-lo deve sair de casa. É uma variação da alternativa que era dada antigamente às moças que caíam em desgraça: o convento ou o prostíbulo.

A partir daí a solidão de Helena se concretiza: quando mais precisava do apoio da família, recebeu o desprezo. Além de impedir seu contato com outras pessoas, ela fica discriminada e isolada dentro da própria família: "Os outros ficaram do lado do meu pai e eu fiquei sozinha". Seu pai não fora realmente pai e sua família não fora realmente família ("Pai deve ser aquela pessoa que você pode contar, não só para dinheiro. Que dê apoio e esteja a seu lado." "Família é o último refúgio, e se esperava sempre alguma coisa. Por isso que magoa mais, a expectativa em relação a ela é maior.")

Mesmo longe de casa a única referência afetiva de Helena continou sendo a família. Embora vítima da ideologia assumida pela família, Helena não deixa de reproduzi-la, pois, saindo de casa, passou a buscar uma forma de recuperar seu lugar na família através daquilo que era por ela reconhecido: o sucesso na vida. "Passei a vida inteira tentando provar pra eles que eu tenho valor." Na medida em que, premida por suas carências afetivas, Helena busca o reconhecimento familiar através de algo que promova a reparação do que ela fez, está reconhecendo que realmente fez algo errado e aceitando a ideologia em que os valores transgredidos se apóiam. "Parece que estou tentando compreender meu pai. Ele falava que depois que os filhos casam e têm mais responsabilidade entendem melhor os pais. Agora eu entendo melhor. Do ponto de vista dele eu vejo que ele tinha razão." Por isso todo o seu projeto de vida foi dirigido para esse fim.

Finalmente Helena conseguiu parcialmente seu intento: atualmente ela vai todos os anos visitar a família e é bem recebida: "Hoje eles até se orgulham de mim porque até hoje eu não apareci com um filho e na hora que eles precisam de mim eu estou pronta para ajudar".

Como Helena conseguiu isso? Arrumando um bom emprego, com bom salário, estudando, tudo isso com seu próprio esforço. Helena tornou-se uma versão feminina, em ponto menor, do *self-made man*. Além de não precisar da família, ainda a ajuda. Na impossibilidade de constituir uma família própria, fez vir para São Paulo a irmã com o marido e filhos para morarem juntos. Quer aos sobrinhos como se fossem seus filhos, quer dar a eles o que não teve, o que queria que seu pai lhe tivesse dado e não deu: conforto material e afetivo ("Meu pai não deixava faltar nada em casa, mas em termos de atenção..."). O papel ocupado por Helena em sua casa é o de chefe de família. A própria Helena diz numa das primeiras sessões de grupo: "Fico como o pai da casa". Sua irmã também diz: "Ela é a responsável pela maior parte do orçamento familiar, é totalmente dedicada ao trabalho, é um modelo para os sobrinhos e se preocupa com o futuro deles". Nenhuma decisão é tomada pelas irmãs ou pelo cunhado sem que Helena seja consultada.

Mas Helena não conseguiu tudo o que queria em relação ao reconhecimento familiar porque não teve tempo: o pai, justamente a pessoa para quem era mais importante provar seu valor, morreu antes que isso fosse possível. Na primeira vez em que Helena fala da família no grupo é disso que ela fala: "Carrego até hoje as palavras dele porque morreu e não consegui perdoá-lo. Gostaria que ele estivesse vivo para mostrar que eu não era aquela que ele pensara. Tinha que provar para ele. Quando ele morreu eu chorei por não ter dito o que eu tinha para dizer. Para ele eu não tinha valor nenhum. Hoje que eu estou bem de vida não posso mostrar para o meu pai que eu venci".

Se Helena desenvolve um papel de pessoa competente para resolver os problemas da subsistência material, sua vida afetiva continua marcada pela insatisfação e pela carência, como se estivesse condenada a perpetuar a situação em que foi colocada pela família ao transgredir um valor da moral sexual. Ao mesmo tempo em que precisa ser forte ("Tenho que ser forte porque tenho que me manter", "Não tenho onde ir, minha proteção sou eu mesma"), e é vista como forte, sente-se frágil, desprotegida e solitária. "Tenho uma carência afetiva muito grande, mas as pessoas me vêem de maneira completamente diferente do que eu sou."

Apesar de ter lutado pelo reconhecimento da família e depois tê-lo conseguido, Helena tem dúvida sobre por que a família a valoriza agora. Seu raciocínio é este: passou a ser reconhecida porque se tornou capaz de ganhar o suficiente para se manter e ajudar a família. Mas não é isto que ela quer. Não quer ser reconhecida pelo que pode ganhar, mas quer ser amada, quer ser querida pela família, como nunca pôde ser, independente de suas condições de vida. Numa sessão, Lúcia, uma colega de grupo, diz que acha que vai ser reconhecida por sua família quando ganhar bastante dinheiro. Helena então diz: "Teve época que eu pensava como Lúcia. Depois eu ganhei dinheiro e não mudou nada". Essa afirmação aparentemente contraditória de Helena expressa bem seu sentimento: na realidade a família hoje a trata de forma diferente, mas para ela essa diferença não significa nada. Apesar de querer ser amada, não consegue sentir, mesmo de sua parte, uma ligação forte com seus familiares. Na 42ª sessão afirma: "Não sinto ligação afetiva com a família, não sinto saudades. Às vezes eu me lembro deles".

Por tudo isso, Helena tem dúvida e desconfia de seus familiares. Nas primeiras sessões de grupo assim se referiu à família: "Hoje eu não preciso da minha família financeiramente. Se dependesse deles morreria de fome ou receberia comida e seria humilhada até hoje. (...) Sinto-me desprotegida, sem apoio. Parece que ninguém se interessa quando falo dos meus problemas em casa. As pessoas me mandam ir ao médico. Acho que não estão querendo saber. Eles falam 'pede demissão' quando eu reclamo do trabalho. (...) Se eu não tivesse nada, nenhum dinheiro, ninguém estaria comigo".

A vida afetiva de Helena é insatisfatória também em outras situações. Não consegue se ligar a ninguém de forma estável. Seus casos amorosos sempre acabam tendo o mesmo final, em geral desagradável para Helena: o abandono. Além de tudo há a tensão pela dificuldade sexual. Por isso Helena está sempre se defendendo, procurando não sofrer. "As pessoas de quem mais gostei me decepcionaram. Os amigos em quem mais confiei me traíram. Por isso é difícil me ligar às pessoas, não tenho amizades."

Também no grupo essas dificuldades se evidenciaram. Faltava bastante às sessões e mostrava dificuldade para se relacionar espontaneamente com os colegas. Apenas pôde ficar mais à vontade, mais relaxada, após a 26ª sessão, na qual foi protagonista.

No teste sociométrico Helena é escolhida por apenas dois colegas, sendo a que recebeu o menor número de escolhas. Também é a que teve o menor número de escolhas mútuas, apenas uma. A maioria das respostas que recebeu é de indiferença (quatro). Todas essas pessoas que deram respostas de indiferença para Helena foram por ela escolhidas, o que evidencia que apesar de querer se aproximar dos outros a forma como o faz não gera reciprocidade.

Geralmente sua postura no grupo era de alerta, de defesa. Quase tudo que lhe era dito gerava nela uma tensão e uma resposta imediata, dando muitas vezes a impressão de já estar respondendo antes mesmo que o interlocutor terminasse sua fala. Suas intervenções eram em geral racionalizadas, vazias de sentimento, freqüentemente oferecia sugestões aos colegas para solucionar problemas que eles traziam ou então fazia interpretações psicológicas. Quase no final da 26ª sessão, depois de várias intervenções deste tipo, T2, uma das terapeutas, pediu para Helena se colocar e não ficar analisando ou interpretando. Helena reagiu dizendo bruscamente que esta era sua forma de se colocar, o que provocou irritação em quase todo o grupo. A discussão passou a ser geral, com todo o grupo contra Helena, que continuava achando explicações racionalizadas para tudo. Depois de alguma insistência, admitiu que estava com raiva e que sua raiva era toda dirigida a T3 que, segundo ela, havia começado a discussão. Foi-lhe proposto dramatizar o momento em que a raiva apareceu. Na dramatização emergiu o que tanto a irritava: o tom de voz de T3, que era o mesmo de seu pai. Ao perceber isto Helena chora abundantemente e fala o que significava aquele tom de voz do pai: crítica, desprezo, reprovação. A partir daí Helena se integra melhor no grupo e as somatizações desaparecem. Na sessão de avaliação ela diz: "Comecei a me enxergar melhor e a me conhecer. Deixei de botar a culpa nos outros. Eu não parava para pensar no que os outros me diziam. Estava sempre na defensiva e era agressiva. Aí recebia mais paulada de volta e afastava a pessoa. Comecei a pensar mais, controlar a agressividade e ver o que era da minha parte, se a pessoa queria dizer aquilo que eu estava sentindo".

Durante o processo terapêutico grupal, Helena pôde progredir no sentido de perceber o quanto as características do seu papel de filha se irradiavam para todos os outros papéis de sua vida, bem como as dificuldades que lhe trazia essa irradiação. Pôde entender que a transgressão dos valores familiares lhe havia acarretado uma marginalização dentro da própria família e que ela, aceitando esses valores, aceitou também a culpa por havê-los transgredido e passou a sentir-se sempre criticada e desprezada. Percebeu também que esses sentimentos a faziam projetar nas pessoas com quem convivia o contrapapel de seus críticos. Por isso estava sempre se defendendo.

Desde que saiu da casa dos pais, toda a vida de Helena se transformou em tentativa de reabilitação perante o pai para poder voltar a ser reconhecida e amada. Ela assume ter errado ao se entregar a um homem que depois a abandonou, provocando sua queda perante a família. Agora, distante da família, não consegue construir uma nova família na qual tenha o papel de esposa, pois não é capaz de se ligar de forma estável a outro homem. Necessitando de um núcleo familiar, assume o papel de chefe da família da irmã: mantém a casa e faz dos sobrinhos os filhos que não tem. Procura lhes dar tudo o que não teve: carinho e proteção. E preocupa-se sobretudo com o futuro deles; torna-se a principal mentora de sua educação e formação moral. Ao não conseguir criticar a ideologia que a vitimou, Helena procura transmiti-la aos sobrinhos, na tentativa de receber deles o reconhecimento que não recebeu do pai.

CASO 5

Pedro tem 24 anos e mora em São Paulo desde os 13. É o segundo de quatro filhos, sendo o único do sexo masculino. Seu pai é proprietário de uma editora, na qual a mãe trabalha como revisora; ambos têm escolaridade superior. Pedro é estudante de Comunicações, pretende fazer Jornalismo. Quando iniciou o tratamento fazia cursinho preparatório para vestibular. Anteriormente havia iniciado o curso de Administração de Empresas, tendo desistido durante o primeiro ano. Durante a adolescência tratou-se durante oito meses em uma clínica psicológica. Foi a seu terapeuta dessa época que Pedro recorreu quando se sentiu necessitado de assistência; este o encaminhou para o Instituto de Psicodrama.

Pedro apresenta um motivo genérico que o levou a buscar tratamento psicoterápico: dificuldades de comunicação, que lhe colocam problemas em seus relacionamentos. Essas dificuldades aumentam quando ele tem interesse pela pessoa — por exemplo, quando é uma mulher que o atrai — ou por um grupo, cuja atividade desperta seu interesse. Essas dificuldades se apresentam também na família: não consegue dialogar com o pai, embora o queira; embora com dificuldade, consegue um pouco de diálogo com a mãe; dentre as irmãs, só se dá melhor com a caçula. Com as outras, o relacionamento é mais formal.

Pedro disse que anteriormente responsabilizava os outros pelas suas dificuldades de relacionamento; hoje acha que ele próprio é culpado dessa situação e tem consciência de que somente ele mesmo poderá resolver o problema.

Pedro participou aproximadamente por três meses de sessões de psicodrama bipessoal. No grupo foi bastante assíduo, tendo faltado apenas a três sessões, mas a sua participação nas sessões não foi das mais freqüentes; foi protagonista apenas uma vez. Sempre teve dificuldade para se colocar, embora essa dificuldade fosse diminuindo no desenvolver das sessões. Pedro conseguiu ser o protagonista da 45ª sessão, embora já há algumas sessões anteriores viesse tentando ganhar o espaço protagônico. Na maioria das vezes em que falou de si e também ao dramatizar, o tema de Pedro foi sua família, principalmente seu relacionamento com o pai.

Dois princípios compõem a estrutura de representação ideológica da família de Pedro: a indissolubilidade da família e o patriarcalismo. O primeiro deles se evidencia na sessão de psicodrama individual sobre o tema família. Nas entrevistas psicodramáticas a mãe diz que duas coisas a impedem de separar-se de seu marido: os filhos e a religião ("Sou daquela opinião que o casamento deve ir até o final."). Para o pai, apenas a religião o faz manter-se junto à família; vontade de separar-se não lhe falta, mas ele é um católico integralista e a separação é proibida pela Igreja ("Já que não estou sendo aceito assim... minhas idéias todas são tão erradas para eles... eu já pensei em... em me afastar de minha família!").

A cena escolhida para dramatização confirma a realidade do caráter compulsório da família. Trata-se de um almoço de domingo, sagrado ritual familiar, onde a família se reúne para cumprir mais uma obrigação. Ninguém está satisfeito, há uma constante tensão, mas todos estão presentes, até mesmo a irmã casada. Esta diz estar tensa porque é emotiva e teme que a qualquer momento saia uma conversa desagradável que a faça chorar. As outras duas irmãs estão preocupadas com a possibilidade de discutirem entre si, porque sempre que conversam acabam discutindo. A mãe gosta de ver a família reunida mas tem medo que haja "briga" entre as filhas ou entre o marido e o filho. Pedro não gosta da situação, porque se começar a falar de política acaba brigando com o pai, se ficar quieto, tem que ouvir a irmã falando de coisas que considera supérfluas. O pai também está insatisfeito pelos mesmos motivos que Pedro e ainda por sentir que não é aceito na família. Assim se realiza mais uma reunião da família, na qual ninguém gostaria de estar, mas da qual não se pode escapar.

O patriarcalismo dominante na família manifesta-se também na primeira sessão de psicodrama individual e vai ser a referência de quase todas as participações de Pedro no grupo. Sempre que fala da família, ele cita o poder do pai, geralmente em tom de queixa ou de reprovação. Associa seus problemas — insegurança, dificuldade para se relacionar — ao pai: "Às vezes estou conversando com os outros, meu pai chega e eu esfrio, sinto-me inseguro. Ele aparenta bastante segurança; é o dono da verdade. E isso incomoda".

Pedro vê-se sempre em oposição ao pai, suas idéias são exatamente contrárias: o pai é direitista, integralista, e Pedro é esquerdista. Pedro reclama que nunca consegue estar bem no grupo ou numa conversa com outra pessoa. Não consegue expressar-se e sente que o clima fica parado, que a conversa é forçada. Não consegue arrumar uma namorada porque nunca consegue expressar seu interesse por qualquer mulher. Às vezes, fica horas conversando, sem sequer tocar no seu interesse por ela. Também não consegue ler em público, porque fica muito emocionado. O pai, ao contrário, consegue falar em qualquer situação ("Já deu palestra para mais de mil pessoas."). Aquilo que ele aponta como suas deficiências pessoais corresponde, na realidade, à ausência de algumas qualidades atribuídas ao pai. O pai é tudo o que Pedro não consegue ser.

Nessa família a iniciativa é sempre do homem e, mais especialmente, do pai. Ele — que tem o direito de decidir sobre tudo — não aceita que a mulher e os filhos pensem de forma diferente. Ele sente o distanciamento dos filhos, mas o que o incomoda mais é o fato de os filhos terem idéias diferentes das suas. É por isso que vê como algo ruim as idéias diferentes do filho e só pode achar uma resposta: o mesmo está sendo influenciado por outros. Alega sua idade — que para ele significa vivência — para justificar o poder que pretende ter sobre o filho, no sentido de impor suas idéias. Na entrevista psicodramática há o seguinte trecho:

Pai: "... eu dou uma opinião assim e chega meu filho e retruca, fala que não concorda, que é isso, isso, isso. Eu não aceito. Eu acho que eu tenho muito mais vivência do que ele, então não concordo que o Pedro, com a idade dele, venha dizer que eu estou errado. Então eu acabo me excedendo".

Entrevistador: "Por quê? O senhor não erra?".

Pai: "É, eu erro, mas... eu tive, eu acho que tenho mais vivência do que... do que... meus filhos".

Entrevistador: "O senhor sabe mais do que eles? O fato de o senhor ser mais velho lhe confere mais sabedoria?".

Pai: "É".

A cena escolhida por Pedro na sessão sobre família por si só já mostra a posição de cada um no jogo de poder estabelecido. O pai é a figura central, em relação à qual definem-se as posições. A mãe ocupa o papel de quem nada pode fazer, a não ser, às vezes, chorar, quando os filhos e o marido discutem. Ela, além de emotiva, é uma abnegada que tudo faz pelos filhos (ao contrário do marido, que é mais objetivo e racional). Na entrevista, ela diz: "Eu sou uma pessoa assim... bem sentimental. (...) Sou muito mais presa a eles do que eles a mim. (..) Preciso me soltar mais, preocupar um pouco mais comigo do que com os filhos. Mas eu não consigo. Se tem pouca comida, eu prefiro dar minha parte pro meu filho, para os meus filhos, do que até mesmo repartir".

Essa abnegação da mãe afina-se com sua preocupação em manter a família unida. Aliás, é ela quem mais se empenha na manutenção das aparências da união familiar. Na cena do almoço, é a única pessoa que parece ter um motivo maior do que o desconforto causado pela situação: ver a família reunida.

A família é o espaço onde a mãe é valorizada, onde ela tem função e onde ela tem voz, pois a educação dos filhos ficou por sua conta. E para seu marido, ela não se desincumbiu bem dessa função: "Eu acho que meu filho... meus filhos estão nessa situação, eu acho que não tive uma atuação direta com eles, né? Praticamente deixei a educação deles nas mãos da minha mulher. ... Eu acho que minha mulher, no caso, ... deu liberdade demais para eles". Aproveitando essa liberdade, os filhos desenvolveram idéias contrárias às do pai e depois influenciaram a mãe. "Politicamente, eu não sei se é agora ou não. Começou agora. Não sei se é por influência dos filhos ou não, mas foi agora que ela começou alguma coisa. Inclusive ela mesmo fala, né? Antes ela era muito alienada e hoje ela está vendo mais as coisas. Mas acho que ela viu do lado errado porque... pra mim, o perigo do mundo mesmo, o perigo do mundo é o comunismo" (diz o marido, mostrando suas divergências com a esposa).

A valorização do sexo masculino também se evidencia pelo fato de que somente a partir das mudanças de Pedro, o único filho do sexo masculino, é que o conflito com o pai foi explicitado na família. Assim que ele manifestou uma oposição ao pai, pôde aglutinar nessa posição a mãe e a irmã mais nova, estabelecendo com elas uma aliança. A realidade dessa aliança fica clara na sessão sobre família quando, entrevistada psicodramaticamente, a mãe diz: "(...) eu discordo do meu marido, que ele (Pedro) está errado, sendo influenciado. Eu acho que não, acho que ele está certo. Só me preocupa um pouco não ter assim... religião".

Mãe e filho têm a mesma reclamação quanto à atitude do pai para com os filhos: ele nunca teve interesse afetivo pelos filhos, sempre foi distante. "Sobre a educação dos filhos, eu nunca concordei assim com a falta de interesse dele, né? Com relação aos meus filhos, ele nunca teve jeito de lidar com as crianças quando elas eram pequenas. E nem hoje, né? Em resumo, sempre, ele sempre fica, ele sempre ficou afastado da família. Se preocupava muito com a vida social dele, os amigos políticos, tal, nunca deu muita importância assim pros filhos."

A aliança se concretiza na área das idéias políticas. Pedro se opõe abertamente ao pai com o apoio da irmã caçula e da mãe: todos os três acham o pai extremamente reacionário. Pedro gostaria de discutir política com o pai, mas isso não é possível porque sempre acabam brigando. O pai, que sempre se preocupou com a formação política e intelectual dos filhos, acha que Pedro está sendo influenciado por esquerdistas, inclusive por um tio. Se antes ficava frustrado com sua alienação política, agora, que Pedro se politizou, acha ruim, e diz que ele foi para o "lado errado". Para o pai, politizar-se significa adotar apenas suas idéias políticas. E o que aconteceu só pode ser explicado por ele através de influências fora da família ("O meu filho está sendo levado."). A aproximação com a irmã caçula deu-se há pouco tempo, porque antes ela também só se preocupava com coisas fúteis (roupas, jóias) e foi através dela que Pedro pôde aproximar-se também da mãe, constituindo assim a aliança: "A minha irmã chegou para mim e perguntou por que eu não ligava para minha mãe, eu não tinha contato, eu não abraçava a minha mãe. Minha mãe é muito carinhosa, ela gosta de um abraço, um beijinho, tal. Então ela me perguntou por que eu não ligava pra minha mãe, que ela ficava chateada com isso. Aí eu me toquei, né. Porque não é que eu não ligo pra minha mãe. É que eu não tenho, sei lá, o jeito de chegar, de conversar, sabe, não consigo mesmo. Então deu pra entender que é eu que me afasto".

Uma contradição vivida por Pedro é que ao se opor ao pai, ele acaba por cumprir o que o pai lhe determina. Assim, ao assumir uma ideologia diametralmente oposta à dele, acaba também fazendo o que o pai mais quer: deixa de ser alienado, interessa-se pela política, participa da política. Ao mesmo tempo em que o pai é odiado por ser autoritário e repressor, é também o mais forte modelo de identificação. Em uma das sessões do grupo, ele disse: "Acho que adotei essa postura política para contrariar meu pai".

Dada essa situação familiar, o pai de Pedro passa a ser a referência para toda sua ação. Ao mesmo tempo em que precisa se libertar do pai, precisa conseguir as coisas que este já conseguiu. O pai é uma pessoa decidida, desinibida, com vários amigos. Pedro se sente solitário, incapaz de fazer as coisas com sucesso, tem dificuldade em se comunicar. Até na área sexual, Pedro se sente frustrado por essas suas características pessoais.

Na sessão de psicodrama individual sobre sexo, Pedro relata ter tido pouca experiência sexual. Teve apenas quatro relações sexuais, duas das quais ele não considera porque foram com prostitutas: "Apenas sexo carnal, sem nenhuma ligação espiritual". Sente necessidade de ter mais relações, mas acha difícil porque não consegue fazer propostas para as mulheres que lhe interessam. Escolhe para dramatizar uma cena em que conversa com uma garota com quem tivera relação sexual na semana anterior. Estava eufórico por ter conseguido, pois sentia diminuir sua sensação de inferioridade. "Não sou pior que ninguém, sou igual a todo mundo." Na conversa se mostra confuso, com dificuldade para falar. Quer dizer para a garota que o que sente por ela não é apenas atração sexual, tem medo que ela tenha pensado isso. Parece até se desculpar por ter tido relação sexual com ela. "Em resumo, eu acho que no fundo eu quis explicar bastante isso (que não a via apenas como objeto sexual) pra ela, porque no fundo, no fundo, eu tenho um pouco, sei lá, de medo dela fazer questão disso, pensando isso; que eu queria só sexo."

Também no contexto grupal a conduta de Pedro foi titubeante e com medo da reação dos outros. Quando teve que escolher qual das egos auxiliares iria fazer o papel de sua companheira, ele disse: "Qualquer uma". Solicitado a escolher, pediu desculpas à que não foi escolhida.

Também no grupo, Pedro se mostrava uma pessoa insegura, hesitante. Tanto nas sessões que antecederam, quanto nas primeiras sessões grupais, sua fala era muitas vezes difícil de ser entendida, pois falava baixo e sua dicção era muito ruim. Apresentava gesticulação nervosa, apertando as mãos ou movimentando repetidamente as pernas. Sua fala era freqüentemente repetitiva.

Na primeira sessão apresentou-se como uma pessoa sensível, com problemas de relacionamento, preocupada com o mundo e que gostava de política.

Durante as primeiras sessões, nas poucas vezes em que usou a palavra, falou de sua insegurança, de sua solidão e de sua família. Às vezes quer falar e não consegue. Em geral, na sessão seguinte, afirma que queria ter falado na sessão anterior. Depois de algumas sessões diz que tem progredido no grupo, pois já consegue colocar-se, mas que lá fora não vê progressos. Diz que tem pressa para mudar.

O vestibular oferece uma oportunidade para Pedro falar de si. Não conseguiu passar na escola que queria, mas passou na que era sua última opção. Fala que "teve um branco" no exame, e que em toda situação de prova se sente inseguro e com medo de fracassar. Gostaria de entrar na melhor escola — sente-se cobrado — e, por não ter entrado, sente-se fracassado. Passa a falar da família, e, nas sessões seguintes, mais diretamente do pai — mas evita dramatizar.

No teste sociométrico, Pedro percebe corretamente a maioria das respostas que recebe (4 em 7), mas muitas de suas respostas não são percebidas corretamente (apenas 2 em 7). Faz confusão com os critérios: ao dar uma resposta de indiferença para uma colega de quem diz gostar, justifica dizendo que ela não corresponde a seu modelo de mulher ideal. (Está numa fase em que a busca de uma companheira está mobilizando-o bastante.) Fica muito aborrecido por não ter sido escolhido por um colega que julga muito semelhante a si, mas tem muita dificuldade para expressar seu descontentamento.

A partir da 25ª sessão começa a ser mais espontâneo no grupo, expressando coisas que antes não conseguia: manifesta seu interesse por uma colega do grupo, expressa seu desagrado pelos colegas que faltam, numa das sessões diz que está achando chato o que uma colega está falando. Chega a se interrogar se a sua posição política ("contra o capitalismo") não é usada por ele como forma de justificar sua incapacidade para trabalhar por causa da dependência paterna. Fala cada vez mais com maior objetividade.

Na 37ª sessão, conta que está namorando há algum tempo e que tem relações sexuais com a namorada, mas que não tem muitas afinidades com ela. Admite que, na falta da mulher ideal, vai ficando com essa. Mas que também teve uma decepção, pois esperava que, com uma namorada, todos os seus problemas seriam resolvidos e isso não aconteceu.

Na sessão seguinte conta que conseguiu conversar um pouco com o pai (este lhe perguntara como estava indo a terapia), mas se frustrou, por não ter conseguido levar a conversa adiante. Começa a aumentar sua participação no grupo, principalmente quando o tema é família. Começa a disputar o espaço para ser protagonista ("Quando penso em ser protagonista fico em dúvida. Será que vai ser bom ou não, será que o grupo vai se interessar pelo que eu falar? Aí não faço nada e saio ruim, frustrado.").

Na 45ª sessão, Pedro é protagonista e revela algo que vinha até então mantendo para si: o pai não é tão competente como ele o apresentara até então. A cena dramatizada é uma conversa com o pai, quando Pedro está trabalhando em casa, fazendo a revisão de um livro. O pai chega e começa a conferir, pois acha que o trabalho é muito duro para seu filho e que ele pode cometer erros. Depois pergunta se ele está pensando seriamente numa profissão, pois ainda não arrumou nenhum emprego e só fica ouvindo música. No solilóquio, o pai diz que coloca muita expectativa no futuro profissional de seu filho porque é frustrado profissionalmente: é um editor e nunca realizou seu grande sonho: escrever um livro. Por isso gostaria que seu filho fosse o que ele não conseguiu ser: um grande escritor, um grande jornalista, um grande político ou um embaixador. Tem que ser o melhor de todos. A partir daí, Pedro dá à cena o desfecho que deseja: fala para o pai o que sente. Fala de seu sentimento de inferioridade e da distância do pai; diz que se sente cobrado pelo pai, que fica com raiva e que essa raiva lhe provoca sentimento de culpa. O pai diz que o ama, mas que tem dificuldade para expressar isso; que a única forma pela qual consegue se relacionar com os filhos é através de sua autoridade. Pedro diz que gostaria de ser aceito como um profissional normal, não o melhor de todos como deseja o pai, e que espera dele compreensão e amizade.

Na sessão seguinte comunica ao grupo que conseguira conversar com o pai e manifestar calmamente sua desaprovação pelas idéias dele. E que uma prima que chegara do exterior comentara na família que achara Pedro "muito legal".

Pedro demorou quase um ano de terapia para desvelar um importante mito da ideologia vigente em sua família: o da superioridade paterna. Dessa forma elucidou-se parte importante da trama de sua família: o pai, objeto de ódio do filho por causa de seu autoritarismo, na realidade era também em um certo sentido protegido pelo mesmo filho.

Pedro sentia-se cobrado a fazer todas as coisas de forma perfeita não apenas para obedecer a uma vontade do pai, imposta pela autoridade, mas também para ajudar a manter na família a imagem desse pai forte e poderoso. Pedro sentia-se obrigado a ser perfeito para compensar o pai pela sua frustração profissional. Por outro lado, o seu fracasso servia para encobrir o fracasso do pai, que não podendo ser denunciado pelo filho, aparece através da dramatização, quando Pedro está desempenhando o papel do pai. Somente a partir dessa revelação Pedro pôde se sentir mais tranqüilo no relacionamento com o pai e não sentir o grande peso da cobrança que o pai lhe fazia, cobrança essa que não era nem mesmo feita explicitamente, mas na maioria das vezes de forma velada. Dessa forma Pedro não podia nem sentir raiva do pai: se este não era assim tão poderoso e competente, mas também uma pessoa frustrada, deveria ser ajudado e não odiado. Daí a culpa, toda vez que Pedro sentia raiva. Daí vem também a força de identificação com o pai: ambos são frustrados e incapazes de realizar seus projetos. Por isso, embora se opondo no conteúdo, Pedro satisfaz ao pai na forma: politiza-se, passa a se interessar pela realidade política nacional e internacional. A profissão escolhida por Pedro também ajuda a reparar a frustração paterna: se o pai não pode escrever um livro, Pedro pretende escrever em jornais.

A eficiência dos mitos familiares, como de todos os mitos, reside na impossibilidade de serem desmascarados. No caso de Pedro o mito a ser preservado era o do poder de seu pai. Pedro era o único membro da família que, por ser homem, poderia rivalizar com o pai e demonstrar a fraqueza deste. Mas, sendo filho, não poderia fazer isso, pois seria afrontar o pai. Foi necessário, pois, que ele assumisse o papel de fraco, de incompetente, para que a fraqueza e a incompetência do pai não se evidenciassem perante a família. É por isso que, desde criança, Pedro é uma pessoa frágil, problemática e que por isso teve até que ser internado para tratamento psicológico. Mas, ao aceitar esse papel, ele se sente vítima do pai e assim se apresenta a todos. Porém, sua apresentação é sempre incompleta porque esconde também uma cumplicidade com o pai. Foi somente depois de quase um ano de sessões de grupo que ele pôde falar dessa parte encoberta de sua relação com o pai, que nunca revelara anteriormente para ninguém. Se falasse, poderia levá-lo a um desequilíbrio e provocar uma mudança na história de sua família. Mas essa era uma tarefa para a qual Pedro ainda não se sentia capaz.

CASO 6

Carlos tem 21 anos, é o quinto entre onze filhos (sete mulheres e quatro homens), sendo o mais velho do sexo masculino. A irmã mais velha tem 29 e a mais nova, 12 anos. Os pais, filhos de imigrantes, moravam no interior de São Paulo, e se mudaram para a capital. Seu pai é guarda-noturno e antes disso trabalhou como policial. Carlos trabalha desde os 9 anos de idade. Estudou até a 7ª série e atualmente dedica-se também ao teatro amador, como ator. Depois de passar por vários ofícios, hoje é bancário. Carlos mora com a família e contribui regularmente para a economia doméstica.

Carlos foi encaminhado para terapia por um colega (paciente do Instituto de Psicodrama) e apresentava a seguinte queixa: "complexo de inferioridade" e "complexo de timidez". Foi por sentir-se assim que Carlos começou a fazer teatro e, anteriormente, luta marcial. Acha que o teatro o ajudou bastante, mas chegou um momento em que precisa de terapia. O que o incomoda é ficar "bloqueado" em algumas situações, não conseguir reagir quando necessário. Sente que o seu pensamento flui, mas sua ação fica bloqueada. Isso faz com que tenha muito medo de se expor em qualquer situação.

90

Carlos atribui suas dificuldades à rígida educação que recebeu da família. Os pais, por serem protestantes, criaram os filhos privados de contato com o mundo extrafamiliar durante a infância: não só restringiam o contato de Carlos com outras crianças, como também proibiam a presença de rádio e televisão em casa. Atualmente, os pais já não são tão dedicados à religião como anteriormente, e os irmãos mais novos são criados em condições um pouco diferentes. Esses irmãos "estão estudando e crescendo e com isso sobra menos tempo para a Igreja". Carlos abandonou as práticas religiosas aos sete anos de idade.

Carlos participou de seis sessões de psicodrama bipessoal e participou do grupo até a 19ª sessão. Durante esse período, faltou a três sessões e foi protagonista uma vez. A princípio, ele se destacava no grupo como um dos mais participantes, falando bastante de si, principalmente de sua história familiar, mas também procurando apoiar os colegas, e algumas vezes se apresentando como modelo a ser seguido. Em seu discurso, procurava fazer um uso correto da língua, embora muitas vezes falasse de forma incorreta e usasse expressões que destoavam do conjunto do discurso. Num grupo em que era um dos poucos sem nível universitário, Carlos era o que mais referência fazia a livros, principalmente sobre teatro e psicologia.

Até o início do trabalho sociométrico, Carlos sempre falara com desenvoltura sobre sua vida. Quando o grupo começou a tratar das relações entre seus membros, ele começou a mostrar-se cada vez mais confuso e desorientado, acabando por abandonar a terapia sem nenhuma comunicação prévia.

Desde a primeira sessão em que Carlos se apresenta para fazer terapia, as suas relações familiares são evidenciadas como vivências sofridas. Ele apresenta sua família como responsável pela sua timidez e seu "complexo de inferioridade" e aponta o pai como a figura que lhe provoca os sentimentos mais fortes e contraditórios. Ao mesmo tempo, já nesse primeiro contato, aponta o seu papel na família, que vai ser explicitado nas sessões de psicodrama individual e nas sessões de grupo, ao afirmar que "se machuca por ver os irmãos sofrerem".

Trata-se de uma família que aparece como constituída pela submissão de seus membros ao pai. Este é todo-poderoso, tem todos os direitos, enquanto que a mulher e os filhos devem viver para servi-lo. Ele não apenas abusa desse privilégio, como vive alardeando-o constantemente. Os seus desejos, por mais extravagantes que sejam, devem ser satisfeitos sem nenhuma contestação. (Muitas vezes ele entra em casa quando seus filhos estão assistindo a um programa de TV e, sem nenhum motivo aparente, desliga o aparelho, ou simplesmente ordena a algum filho que engraxe seus sapatos.) Quando porventura alguém resiste às suas ordens, ele tem o direito de usar a violência física para coagir a mulher e os filhos. Na sessão de psicodrama individual, as duas irmãs de Carlos, entrevistadas psicodramaticamente, assim se referem aos pais: "Com ele (o pai) é tudo na base do: 'Se falou a primeira vez e não atendeu, sabe, é a cinta ou no braço'." (...) "Ela (a mãe) às vezes é dominada por ele, sabe. Porque senão ele bate nela; então ela tem medo dele". Os filhos, desde criança, são obrigados a trabalhar para ajudar na manutenção da casa, enquanto o pai tem o direito de ter uma amante, que ele sustenta.

A análise da sessão de psicodrama individual sobre o tema família torna evidente a destacada presença de Carlos em toda a trama familiar: ele ocupa o papel de intermediário entre pólos conflitivos. A cena escolhida é a de sua chegada em casa após um dia de trabalho. Carlos está cansado e, ao entrar em casa, defronta-se com a presença de um rapaz que quer namorar uma de suas irmãs. Ele é viciado em drogas e decidira conversar com o pai da namorada pretendida para pedir autorização para namorá-la. Carlos percebe que está drogado. O pai está para chegar e Carlos, imaginando o perigo que sua chegada representa, quer evitar o encontro, pois acha que o pai poderia ficar nervoso e criar uma situação perigosa, agredindo o visitante. Este medo não é apenas de Carlos, mas é também de sua irmã. Assim, tentando evitar um confronto e querendo proteger sua irmã da fúria paterna, Carlos se apresenta ao visitante indesejado como representante de seu pai e quando este chega se dirige a ele intercedendo pelo visitante. Todo o esforço e a tensão de Carlos são inúteis, pois o encontro acaba finalmente acontecendo. Como a situação permanece inalterada, mais uma vez, Carlos vai ser o intermediário: o pai lhe ordena que coloque o visitante para fora de casa. O pai, incomodado com essa presença indesejada, não enfrenta ele próprio o problema. As outras pessoas presentes (a mãe de Carlos e três irmãs) não interferem, apenas assistem.

Essa função de intermediação que aparece na cena explicita o papel de herói/mártir que Carlos ocupa na dinâmica familiar, posição da qual ele se vê impossibilitado de sair. Embora já tenha sido expulso de casa pelo pai, Carlos não abandona o grupo familiar porque se sente obrigado a ficar para proteger os irmãos e a mãe. Proteger de quê? Protegê-los do pai, de sua violenta dominação. Quando não é obedecido em seus desígnios, por mais absurdos que sejam, o pai não hesita em lançar mão de agressões corporais contra seus familiares. Por isso, Carlos vive um dilema: sente-se insatisfeito em sua casa e gostaria de morar só, mas não pode fazê-lo, embora tenha condições financeiras para isso, porque pretende impedir o que, de fato, sua presença não impede. Ao tentar impedir ou atenuar a dominação do pai sobre a família, ele a perpetua. Carlos se apresenta, pois, como o benfeitor da família. Ao mesmo tempo em que protege os fracos da força do pai, impede o confronto entre o pai e os filhos, o que permite a continuidade do jogo familiar estabelecido. Nada pode mudar porque existe uma estruturação fixa de papéis, onde os filhos, apesar de ameaçados e dominados, sentem-se também protegidos pelo irmão mais velho que, em nome deles, enfrenta o poder paterno. Para Carlos, seus irmãos e sua mãe não têm condições de enfrentar diretamente seu pai. E dentro da família, Carlos até justifica a violência paterna: o pai deve ser desculpado em função de ter passado por dificuldades na vida. Nas entrevistas psicodramáticas, uma de suas irmãs diz: "Às vezes ele (Carlos) já chegou em mim, já falou para mim que tem que procurar compreender que os pais tiveram uma educação assim, sabe, foi muito difícil. Ah, o começo deles foi muito difícil". Por outro lado, sair de casa pode significar perder a consideração dos irmãos, que lhe expressam admiração e agradecimento sempre que Carlos fala em sair de casa. "Carlos é o que tenta fazer algo para mudar a situação." "O Carlos é quem agüenta tudo em casa. Por isso ele é querido por todos os irmãos." Essa consideração alimenta em Carlos sua auto-admiração e auto-comiseração. Sair de casa não garante a Carlos uma vida mais satisfatória, pois as irmãs que conseguiram sair (através do casamento) não foram felizes, voltaram para casa dos pais em condições piores, pois trouxeram também seus próprios filhos, o que para ele intensifica sua vivência de mártir familiar. Muitas vezes o próprio Carlos tem que dormir no chão para dar sua cama para os outros.

De onde vem esse papel vivido por Carlos? Essa primeira sessão psicodramática não permite explicitar sua origem, mas pode-se perceber que desde a infância Carlos já vinha sendo imolado em favor dos desejos do pai e das necessidades da família. É o que ele relata nos comentários, lembrando fatos de sua vida, cuja lembrança foi despertada pela dramatização. Na adolescência foi obrigado a se deixar violentar sexualmente por seu patrão, homem de aproximadamente cinqüenta anos, porque o pai o obrigava a manter o emprego. Aliás, esse papel de vítima parece ser uma marca de toda a família: uma irmã foi abandonada, grávida, pelo namorado e outra teve sua mão mutilada por uma máquina, no trabalho. Até mesmo o pai, aparentemente tão odiado, aparece como uma vítima da sua própria vida. A ele não pode ser imputada toda a responsabilidade por sua grosseria e violência porque ele não recebeu orientação adequada de seus pais. Seriam então os avós os responsáveis pelo drama dessa família? Não, eles também são desculpados por Carlos, porque também não tinham instrução e por isso não poderiam educar adequadamente o filho.

Portanto, Carlos é o que carrega o fardo mais pesado de sua família, que é, ela própria, vítima das circunstâncias. Isto acontece porque Carlos, além de cuidar de suas próprias dificuldades, sente-se também obrigado a se responsabilizar pela família.

As entrevistas psicodramáticas realizadas antes da escolha da cena a ser dramatizada já revelam o que será confirmado depois. O pai é uma pessoa nervosa, vítima das dificuldades da vida ("... meus pais trabalhavam numa roça. Eu casei com 23 anos e vim para São Paulo. Aqui a vida foi muito difícil, sabe? Eu já tinha filhos, eu precisava fazer alguma coisa para ganhar dinheiro. Não tive tempo para estudar, eu fui até o segundo ano do primário, sabe? E de repente eu não soube acumular — por um monte de erros — tanto cultural como financeiramente, pra que eu pudesse sobreviver mais tarde, melhor, né?"). Se a situação financeira melhora, ele chega sorrindo em casa. Caso contrário, explode sobre a família, pois a família é o único espaço onde ele tem poder ("Eu expludo com todo mundo, porque eu não tenho com quem explodir, sabe? Então eu sou obrigado a... sabe, a falar, a dizer pra mulher que não devia ter feito isso. (...) Meu sangue ferve, ferve muito rápido, sabe? E as coisas ficam escuras na minha frente, sabe?"). Existe uma percepção de que as dificuldades vividas pela família têm suas causas situadas fora dela. Mas isso parece ter o sentido de uma fatalidade porque a revolta contra essa situação não é colocada pelo pai no contexto das relações sociais, mas sim trazida como uma frustração a ser compensada dentro do grupo familiar. Em decorrência disso, impotente diante de uma situação da qual não tem o controle, o pai é visto pelos filhos como o responsável pelos sofrimentos e pela opressão. Ao mesmo tempo em que ele é desculpado pelas suas condições de vida, é responsabilizado internamente e, com isso, as condições materiais que determinam a realidade dessa família são diluídas. O papel de Carlos na trama familiar, explicitado na sessão de psicodrama individual, vem se confirmar e ter sua apresentação enriquecida por sua participação no grupo.

Sua presença no grupo sempre foi marcada por uma postura de compreensão e de ajuda para com os problemas dos outros e, ao mesmo tempo, de alguém que tem de suportar as situações mais difíceis. Na primeira sessão ele se apresentou como alguém que gosta de desafios, que tem "garra" e elevada auto-estima.

Na segunda sessão, após jogos que envolviam exercícios corporais, disse que era uma pessoa experiente nesse tipo de atividade.

Na terceira sessão é o protagonista e o primeiro a colocar para discussão os problemas familiares. Fala durante quarenta minutos e aceita ser protagonista após relutar um pouco. Durante esse tempo, com o grupo quase que exclusivamente mantido como platéia, ele expõe todo seu drama familiar: as dificuldades de sua infância sofrida, a fuga das irmãs através do casamento (o que ele considera covardia) e a impossibilidade de sair de casa porque tem "que ajudar os irmãos a crescerem". Fala da prepotência do pai, contando inclusive que este já tentou até violentar algumas filhas. Diz que tem raiva dele e que às vezes tem vontade de matá-lo. Propõe dramatizar uma cena imaginária na qual pretende enfrentar o pai, dizer-lhe tudo o que tem vontade, mostrando o mal que ele provoca e, se necessário, reagir fisicamente. Coloca no cenário, além do pai, a mãe, um irmão e duas irmãs. Quer que todos participem da conversa para mostrar ao pai os prejuízos que ele causa à família. Mas, na cena, Carlos não consegue o que se propõe. O pai o trata com desprezo, chamando-o de criança, pirralho e mandando-o calar a boca. Carlos repete para o pai que ele deve mudar, às vezes em tom de queixa, às vezes em tom de conselho, e este sempre responde agressivamente. Fazendo solilóquio, Carlos revela que não tem mesmo jeito, o pai não muda e até o desculpa por isso: "Os irmãos dele são assim, a família inteira dele é assim. Não vou conseguir mudar uma cabeça que já vem não sei de onde". Para Carlos a única solução seria a agressão física, mas não pode fazê-lo porque seria agredir o próprio pai. "Toda hora que eu vou bater nele eu vejo outras saídas. Então não tenho coragem de fazer isso." Há um momento em que aumenta a ambivalência em relação à figura do pai. Diz em solilóquio: "Ou eu te abraço e te falo 'Meu pai', ou eu te pego e te bato na cara". Mas não faz nem uma nem outra coisa. Os egos auxiliares que participaram da dramatização relatam que na cena não havia nada que os outros personagens (mãe e irmãos) pudessem fazer, senão torcer para Carlos. Ele quer que os irmãos falem, mas é ele quem fala por eles.

Essa sessão vem duplamente confirmar o papel desempenhado por Carlos: o de herói/mártir. Primeiro porque o contexto dramático o explicita diretamente. Segundo, porque o procedimento de Carlos no grupo também assume o sentido de sacrifício pelo grupo. Carlos aceita dramatizar num momento em que o grupo está num impasse: é a primeira sessão em que se começa a falar diretamente dos conteúdos da vida de cada um. Essa situação cria uma expectativa bastante ansiosa pelo desejo que cada um tem de se colocar e pelo medo que acompanha esse desejo. Antes que o grupo enfrente essa contradição, Carlos se apresenta, primeiro, ocupando bastante o tempo com sua verbalização e depois, através da dramatização, para preencher o vazio criado pelo silêncio e impedir que o grupo se confronte com o mesmo. Carlos foi, portanto, bode expiatório, servindo ao grupo para manter encoberto o que seria função do psicodrama revelar.[1]

Na sessão seguinte vários componentes do grupo expressam que a dramatização feita por Carlos provocou culpa, porque ele ficou só, quando todos tinham problemas de relacionamento com o pai, e também inveja, porque Carlos conseguiu fazer o que os outros desejavam mas não tinham coragem de assumir. Ao que Carlos respondeu: "Tenho mais experiência e por isso me jogo dos pés à cabeça, mas conscientemente". É a mesma posição que ocupa no grupo familiar: julga-se mais consciente que os outros e por isso paga um preço maior. Nessa mesma sessão disse também ter dó de um colega de grupo que relatou ter dificuldade para abordar as mulheres por quem se interessava. Pouco antes Carlos havia dito ter a mesma dificuldade. Quando isso lhe foi apontado disse que seu caso era diferente porque suas dificuldades eram menores e porque tem mais chances de superá-las por conviver com pessoas que não têm nenhuma restrição desse tipo (os colegas homossexuais, com quem convive no teatro).

A partir daí, cada vez mais, Carlos é considerado como aquele que tem condições de ajudar os colegas e de se sacrificar por eles. Ele reforçava essa suposição de duas maneiras: a) procurando aconselhar e estimular os outros a exporem suas dificuldades (apontando-se como exemplo) e confortando-os, com base em sua experiência de vida, apresentada e aceita como maior que a dos colegas; b) falando freqüentemente de sua família, apresentada como a mais problemática de todas e usando esta fala para proteger o grupo sempre que este se encontrasse num impasse, em geral caracterizado pelos freqüentes silêncios. Certa vez disse: "Tenho que falar por causa do silêncio, sinto-me obrigado a impedir o silêncio".

Nas sessões seguintes Carlos começa a cobrar dos colegas de grupo a coragem para se exporem. Por exemplo, disse numa vez: "Estou em parte arrependido por ter dramatizado porque coloquei coisas que têm a ver com todos os outros e ninguém assumiu". Quando perguntado se estava fazendo uma cobrança, disse que não, que apenas queria compreender o que se passava no grupo. Fugia de qualquer confronto em nível grupal.

---

1. Sobre o conceito de bode expiatório, ver Milan, B. *O jogo do esconderijo: terapia em questão*, São Paulo, Pioneira, 1976.

Na 8.ª sessão, após um período de férias, pela primeira vez Carlos falou para o grupo sobre seus conflitos referentes à sexualidade. Ao comentar seu desejo de sair de casa disse que sua realização é impossibilitada pelo medo de enfrentar os perigos do mundo, entre os quais o mais ameaçador é a convivência com homossexuais. Disse que os homossexuais se sentem atraídos por ele, mas negou sentir qualquer atração por eles. Embora já tenha recebido mais de uma proposta para ter um "caso", o que incluía morar junto com um parceiro e ser mantido financeiramente, não aceitou. Acha que essa situação é tentadora para os jovens que saem de casa e que é necessário tomar cuidado para não ceder.

A atitude de Carlos diante da homossexualidade é contraditória: por um lado se diz machista e considera a prática homossexual absurda e moralmente errada. Por outro lado, como convive com homossexuais (afirma ser constante a sua presença no ambiente artístico que freqüenta), aceita a aproximação até o ponto em que recebe a proposta para "transar", quando então manifesta sua rejeição. Chegou até a sair de carro com um rapaz que o abordara na rua, mas na hora de ir para o apartamento recusou-se. Os seus relatos revelam claramente uma atração por pessoas homossexuais, enquanto seus valores condenam a homossexualidade. Ora diz sentir pena dos homossexuais, ora diz admirá-los pela sua espontaneidade e desinibição.

Na sessão de psicodrama individual sobre sexo, Carlos expressou que atualmente julga erradas suas atividades sexuais da adolescência, marcadas pelo incesto e pela homossexualidade. Foi iniciado sexualmente pelas irmãs mais velhas quando tinha onze anos, com as quais manteve relações sexuais durante algum tempo. Disse que na época isso não parecia errado e era bom porque era difícil conseguir outras meninas para ter relacionamento sexual. Aos treze anos começou a trabalhar para um feirante que o submetia sexualmente. Sentia-se humilhado porque todos os garotos de seu bairro, vários dos quais já haviam passado pela mesma situação, sabiam que dentre as funções do seu trabalho estava a de conviver sexualmente com o patrão. E o pai não lhe permitia abandonar o emprego porque achava que era bem remunerado. Muitas vezes Carlos foi chamado de "bicha" pelos colegas, mesmo depois de ter mudado de emprego. Sua humilhação era maior quando era assim chamado em companhia de uma namorada. Sentia muita raiva e às vezes brigava. Esse foi um dos motivos que o levaram a procurar um curso de lutas marciais.

A sexualidade de Carlos é, pois, marcada por uma dicotomia: ao mesmo tempo em que se sente atraído pelo mundo homossexual, rejeita-o pelo temor de ser por ele dominado. E sente necessidade de ser reconhecido como heterossexual e machista; por isso gosta de se exibir como macho. Na sessão de psicodrama individual essa necessidade se torna evidente. A cena escolhida para dramatizar é um encontro amoroso num motel com uma colega de trabalho. A preocupação maior de Carlos não é com a situação em si, mas com a possibilidade de os colegas de trabalho terem percebido que os dois haviam saído juntos. O que parecia inicialmente uma preocupação em resguardar a imagem da parceira se revelou, com o desenvolvimento da dramatização, como um desejo de que os colegas soubessem que Carlos estava "transando" com aquela mulher, desejada por muitos outros. Sem ter certeza se os colegas sabiam ou não, Carlos foi contar para um deles sua aventura. Posteriormente ficou ressentido quando foi substituído por outro na preferência da parceira.

O esforço de Carlos para ser reconhecido como homem é mais um dos componentes do jogo de suas interações familiares. É importante para ele ser assim reconhecido pelo pai porque o considera responsável pela sua homossexualidade na adolescência.

Na 11ª sessão o grupo esboça uma discussão das relações no contexto grupal, começando a falar com dificuldade sobre o que impede a cada um de falar, e iniciam-se as cobranças pelas omissões. Alguns começam a expressar sentimentos de raiva por aqueles que faltam às sessões. O clima é tenso, as falas são alternadas por momentos de silêncio. Carlos, repetindo a trajetória percorrida na 3ª sessão, começa a falar de sua família e vai se emocionando cada vez mais. O grupo parece aliviado, assume uma postura de expectador e deixa Carlos ir mergulhando no relato de sua conhecida história. Um dos terapeutas pede então a Carlos para inverter papéis com cada um dos colegas de grupo. No papel dos outros ele fala com precisão da história de cada um, do medo de se colocar, mas não relaciona esse medo com a conduta de cada um no momento. Não percebe que está sendo usado para aliviar a tensão provocada por esse medo.

A partir da aplicação do teste sociométrico (15ª sessão) Carlos começa a se mostrar confuso. Embora no teste tenha sido bastante escolhido (entre sete possibilidades recebeu cinco escolhas, três em primeiro lugar, uma em segundo e uma em quarto lugar), teve apenas duas escolhas que foram mútuas (escolher e ser escolhido por aquele que escolheu), e teve um índice de percepção igual a 2/7 (o que significa que das sete respostas recebidas percebeu duas corretamente), e índice de emissão também igual a 2/7 (o que significa que apenas duas de suas respostas foram corretamente percebidas pelos respectivos destinatários). Isso significa que as relações interpessoais mantidas por Carlos no grupo eram confusas e baseadas mais em projeções do que em percepções realistas. Nas sessões seguintes foram feitos os confrontos entre aqueles membros cujas percepções do vínculo apareciam distorcidas segundo os resultados do teste sociométrico. Carlos participou de três confrontos, nos quais mostrou-se bastante confuso. No primeiro deles, com um colega a quem tinha dado uma resposta de indiferença, Carlos a justificou com motivos que eram nitidamente os de uma resposta de escolha: "Porque ele é uma pessoa muito legal — tem uma força grande naquilo que acha, seria para mim fácil conversar com ele, porque nós sabemos por onde começar, talvez". Cada vez que tentava explicar essa contradição Carlos ia se tornando mais confuso e se enredando por falas que o complicavam cada vez mais. No final disse que a confusão fora determinada pelo fato de não estar bem no dia da aplicação do teste. No confronto seguinte não conseguiu esclarecer seu vínculo com uma colega. Esta se sentia ameaçada por identificar nele um interesse erótico por ela. Após afirmar a ela que não existia um mínimo interesse seu desse tipo, expressou num solilóquio: "Em alguns momentos chegou a pintar alguma coisa em relação a ela. Tenho pressentimento de que ela estava consciente que poderia acontecer alguma coisa, saindo comigo. E poderia mesmo. Ela é bastante atraente como mulher". Pouco depois disse-lhe: "Eu não tenho interesse por você, mas não deixo de ter interesse pelas mulheres e você é mulher. Você poderia ser uma garota diferente. Mesmo sendo noiva poderia aceitar o jogo. Mas você se bloqueou".

Na 18ª sessão há uma dramatização cujo tema lhe é bastante caro: as relações da protagonista com seu pai. Carlos voltou a uma posição mais confortável, falou bastante de si mesmo ocupando grande parte do aquecimento e dos comentários. Volta a falar de sua família, dizendo que, depois da sessão em que fora protagonista, pôde mudar sua relação com seu pai, e já não se preocupava mais com o que o pai pensava dele.

Na sessão seguinte faz mais um confronto no qual se coloca no habitual papel de ajudante dos colegas, que não teriam problemas tão complexos quanto os seus. A colega com quem Carlos se confrontava dizia que ele a incomodava porque conseguia falar, colocar suas coisas e ocupar seu espaço no grupo, coisas que para ela eram difíceis. Dizia também que sua presença a fazia sentir-se pequena porque ele era bem mais vivido. Depois Carlos começa a falar, faz comparações. Transcrevemos aqui o ponto culminante e decisivo desse longo diálogo:

Carlos: "Quando você começou a se colocar em grupo eu achei que seria fácil solucionar o seu problema, porque pela forma que você colocou eu senti que você era insegura em relação às suas decisões. Achei uma coisa boba em vista do que eu estava passando ultimamente. O meu lado é o contrário de você. Você tem as coisas na mão e não sabe solucionar. (...) Acho que você tem tudo para vencer".

Lúcia: "O que você quer dizer com esse tudo?".

Carlos: "Você trabalha, você estuda, você tem um lar, tem um espaço. Você tem condições boas de viver e se preocupa com nível, *status*, sociedade!" (Nesse momento Carlos titubeia, parece ter coisas para dizer mas não consegue, T2 assume a posição de duplo[2] de Carlos e diz: "Você tem todas as coisas que eu não tenho, estudo, família, casa e fica se detendo em coisas pequenas. Eu fico com raiva".)

Carlos: "É isso".

T1: "Por que não dava para falar pra ela?".

Carlos: "Eu me bloqueio porque não acho justo achar e sentir isso".

Logo após é proposta uma inversão de papéis entre Carlos e Lúcia. T1 então pergunta a Carlos, representando Lúcia: "Ele tem mais coisas para falar?".

Carlos (no papel de Lúcia): "Tem bastante coisa".

T1: "E por que ele não diz?".

Carlos: "Talvez não esteja a fim agora; ele fala dos problemas dele, mas nos momentos de falar das pessoas do grupo ele não se sente bem, ele tem um bloqueio, pensa muito antes de falar".

Encerrado o confronto, Carlos ficou em silêncio todo o restante da sessão, o que não era comum. Parecia absorto em seus próprios pensamentos. Ao final da sessão, perguntado como estava, respondeu: "Estou muito confuso, não sei o que está acontecendo". Depois arrematou: "Uma coisa é passar uma história já vivida, outra é fazer na hora".

Depois dessa sessão Carlos não mais compareceu ao grupo. Para ele não havia mais lugar nesse grupo, a não ser quer reformulasse suas relações com os colegas, ou seja, abandonasse o papel de herói/mártir/benfeitor. O que o confirmava nesse papel era a imagem aceita de que, por ter mais experiência de vida e por ter problemas mais difíceis, que enfrentava com superioridade, estava em condições de ajudar os outros. Mas para ajudar é preciso ser diferente, estar acima. A partir do momento em que é revelado que sua vida difícil, além de lhe dar experiência, o faz sofrer como qualquer outro mem-

---

2. Duplo é uma técnica psicodramática em que o ego auxiliar, assumindo o papel de um paciente, expressa o que ele não consegue expressar na situação.

bro do grupo, lhe provoca raiva e inveja dos outros que têm o que ele não têm, Carlos se torna um igual. Logo, ou não pode mais ser herói do grupo, ou todos os outros também podem. Até mesmo a crença de que seus problemas eram mais difíceis fica abalada. No confronto que teve com ele, sua colega Lúcia havia dito: "Quando você falava no seu pai eu achava que era o grilo maior. Agora eu tenho dúvida". O processo grupal cria a mobilidade que tira Carlos de sua posição fixa. Na família, a imobilidade é garantida por um dos principais determinantes da posição de Carlos: a condição de homem mais velho da prole, aquele que tem alguma chance de enfrentar o pai tirânico.

O que era mais invejado em Carlos no grupo era a facilidade com que falava de sua história, mas essa facilidade escondia a sua grande dificuldade: ter relacionamento direto com os colegas, sem a mediação de sua história. Quando isso é revelado, Carlos passa a ser como os outros. Faz com o grupo o que deseja fazer em relação à família e não consegue: abandona-o. Não consegue porque na família não existem as condições necessárias para que se desfaça o nó que o amarra ao papel de benfeitor da ordem familiar.

A presença de Carlos no grupo de psicodrama é marcada pela repetição do papel aprendido na família. A ideologia veiculada pela família, portanto, não apenas o ensina como agir em relação a seus pais e irmãos, mas em todas as situações, principalmente naquelas que mantêm uma analogia com o grupo familiar, como é o caso dos grupos de terapia. Mas também é no grupo de psicodrama que esse papel começa a se desmoronar, sem no entanto chegar a ser elucidado. Isso impede a permanência de Carlos no grupo. Era o que ele também pensava sobre a família: precisava sair dela, para conseguir se livrar dos seus efeitos maléficos. Entretanto, como não conseguia sair, pensava em estar dentro e fora ao mesmo tempo: ficar o mínimo em casa, mas ajudar os irmãos sempre que necessário.

Carlos percebia que as causas das agruras familiares estavam fora da família: o pai não podia ser responsabilizado por elas porque tivera uma vida difícil, sofrera muito e não pudera estudar. Ele mudara da zona rural para a cidade em busca de uma vida melhor, mas a cidade não foi o paraíso esperado. Como poderia ser bem equilibrado um homem que, por várias vezes, viu a possibilidade de seus filhos morrerem de fome? Acresce-se a essa situação o fato de que, além de viver pobremente (às vezes miseravelmente), a posição por ele ocupada nas relações de produção não é a de trabalhador. Ele vai ser policial, cuja função, em última instância, é a proteção da propriedade alheia. Mesmo depois de sair da polícia, ele continua guardando os bens acumulados por outros: torna-se guarda-noturno de uma grande empresa. Tal situação, mais o fanatismo religioso por ela engendrado, fazem com que a ideologia assuma na família a forma do autoritarismo patriarcal.

A percepção que Carlos desenvolve, modelada pela ideologia, cria-lhe atitudes contraditórias: ao mesmo tempo em que culpa o pai pela miséria emocional da família, o justifica pelas condições de miséria material. Ao mesmo tempo em que tem vontade de agredir fisicamente o pai, por achar que é o único discurso que ele entende, sente-se impedido de fazê-lo. A ideologia que mantém o autoritarismo patriarcal impede os filhos de agredirem os pais, mesmo quando por eles agredidos. Assim, o dilema de Carlos se expressa na dramatização em que ele é protagonista: "Ou eu te abraço e te falo 'meu pai', ou te pego e te bato, sabe, na cara". Mas nem abraça, nem bate. As contradições entre desejo e ação não param por aí: a idéia de sair de casa é periodicamente acalentada por Carlos, mas não pode sair porque isso seria egoísmo de sua parte, e porque sabe que essa família, por pior que seja, é conhecida e nela os papéis estão estabelecidos. Sair dela significa enfrentar o desconhecido, o perigoso. Enquanto isso ele não sai e nem decide ficar. Adia a decisão. Carlos se esforça para ser reconhecido pelo pai: trabalha, mantém-se financeiramente, e até ajuda o pai nas despesas da casa. Isto, para o pai, significa que Carlos cumpre suas determinações, porque os filhos têm que ajudar na manutenção da casa. Mesmo ajudando, ou talvez por isso mesmo, Carlos não tem direito a decisões, apenas deve obedecer.

Enfim, a presença de Carlos nessa família, marcada pelo patriarcalismo (ainda que o pai não tenha propriedade para sustentar sua autoridade), faz-se pela complementação do papel paterno, fazendo dele, ao mesmo tempo, um competidor e um aliado do pai. Ao se colocar como protetor dos oprimidos e como aquele que, em nome deles, enfrenta o terrível pai, Carlos se opõe a ele. Mas, na realidade, ao fazer isso, fala em nome dos irmãos e não lhes possibilita que se expressem por si. Protegendo-os, ele se credencia para ser aquele que dissipa a revolta dos irmãos contra o pai, justificando-o e posicionando-se assim como seu aliado. O pai, enquanto cão de guarda da propriedade alheia, traz para dentro de casa a mesma realidade, só que invertida: em casa ele é o proprietário e o filho passa a ser o guardião. Assim, em casa, ele realiza imaginariamente o seu desejo e o filho, como peça da trama inconsciente, representa o contrapapel necessário. Dessa forma Carlos é o pivô de uma relação de dominação que ele diz querer suprimir, mas que acaba ajudando a manter.

CASO 7

Lúcia tem 29 anos, é solteira, formada em Engenharia mas não exerce a profissão. Quando procurou terapia estava desempregada. Atualmente exerce função burocrática em grande empresa de prestação de serviço. É a sexta filha entre onze irmãos (oito mulheres e três homens). O irmão mais velho tem 41 anos e a irmã mais nova, 21. O pai é comerciante numa cidade do interior e a mãe é doméstica. A família valoriza bastante os estudos. Os pais não completaram o curso primário, enquanto os filhos todos passaram pela universidade: com exceção dos dois mais velhos, que abandonaram os cursos, e da mais nova, que ainda é estudante, todos têm diploma universitário. Dois irmãos trabalham com o pai, no comércio, todas as irmãs e um irmão trabalham nas profissões em que se formaram.

Lúcia mora em São Paulo há dois anos e meio. Já havia morado anteriormente durante dois anos, por ocasião do cursinho preparatório ao vestibular para Medicina, no qual não conseguiu aprovação.

Lúcia declarou ter procurado tratamento psicoterápico por estar sentindo-se bastante confusa. Sua irmã e uma amiga, ambas psicólogas, recomendaram-lhe fazer terapia. Há algum tempo já pensava em se tratar mas tinha medo ("medo de falar de mim mesma"). Achava que o fato de estar formada há dois anos e não conseguir emprego era o que desencadeava a grande confusão que sentia. Às vezes julgava que isso acontecia por sua culpa, por ser incompetente. Outras vezes pensava que era por culpa dos outros, uma vez que sempre passava nas provas de conhecimento específico e ficava reprovada nas entrevistas. Concluiu que não sabia "vender" uma boa imagem. Disse também sentir uma grande carência afetiva, principalmente em relação à figura paterna. Acha que o pai não a rejeita, mas lhe é indiferente porque tem preferência por outras irmãs, principalmente por uma delas que mora com Lúcia.

Como foi a primeira participante do grupo a ser selecionada, teve sessões de psicodrama bipessoal durante aproximadamente cinco meses. Durante o tempo de terapia grupal Lúcia foi a mais assídua: faltou apenas a duas sessões. E também foi protagonista pelo maior número de vezes: três vezes.

A análise da família de Lúcia mostra de forma clara as relações entre suas condições materiais e as formações ideológicas por ela veiculadas. Trata-se de uma família do tipo patriarcal, na qual a figura paterna tem um poder ilimitado. Esse poder não está garantido tanto pelas normas e dispositivos coercitivos explícitos, mas por um complexo mecanismo de submissão no qual se evidenciam nítidos componentes emocionais, aprendidos dentro do grupo familiar.

A vida do pai de Lúcia pode ser considerada, em nível individual, correspondente à trajetória da burguesia em seu período de formação. Passou toda a sua vida trabalhando no comércio em função de um projeto: a acumulação de capital. Hoje, sexagenário, ainda continua trabalhando e dirigindo com autoridade seus negócios. É um negociante bastante respeitado em sua cidade, que o viu começar do nada até chegar onde chegou. É um sólido proprietário, sendo considerado uma pessoa bastante rica para os padrões de sua cidade. É um pequeno-burguês. Lúcia o apresenta como uma pessoa dominadora, rígida e nervosa. Na sessão de psicodrama individual sobre família, entrevistado psicodramaticamente ele diz: "(...) meu único objetivo na vida é trabalhar: trabalho, levanto cedo, trabalho, trabalho à noite, só trabalho".

Nessa sessão tornam-se evidentes as duas principais formações ideológicas que presidem as relações na família de Lúcia: a do *self-made man* e a do machismo. O pai é um homem que começou do nada e conseguiu tudo, ou seja, dinheiro, e por isso é todo-poderoso, é o modelo para todos. Quanto ao machismo, ele é expresso pela total desvalorização das mulheres, pois considera-se que elas não servem para acumular capital; por isso são inúteis. O pai diz: "Bom, o que eu queria era no lugar de oito mulheres, oito homens. Porque eu sou comerciante, eu teria assim confiança em deixar nas mãos dos filhos. Então eles conseguiriam elevar o meu nome, a minha posição, cada vez aumentar mais".

Se o pai se apresenta como onipotente, a mãe será a forma de representação da incompetência feminina. É a incompetência total, começando pela falta de objetivo para a própria vida. "Eu sou uma mulher sem objetivo nenhum na vida. Eu não sei nada, nunca participei de nada, nunca fiz nada, não sei sair para comprar uma roupa. Eu tenho vergonha. Eu saio para ir à missa e saio de vez em quando para ir à casa das minhas noras. Eu tenho vergonha porque eu não sei conversar, não sei me comportar, eu sou uma mulher simples que veio... que trabalhou na roça. Nunca participei de sociedade nenhuma".

Sendo o pai a figura poderosa da família, ele passa a ser visto não apenas como aquele que distribui os meios de sobrevivência e as normas de conduta dos filhos, mas também o que tem condições de suprir as necessidades afetivas destes. Por isso, em sua primeira entrevista Lúcia diz que tem uma carência afetiva muito grande, principalmente do pai. Não que ela receba o afeto que deseje dos outros membros da família; durante quase todo o tempo da terapia grupal Lúcia queixou-se de sua solidão e de sua dificuldade para estabelecer quaisquer relações que fossem afetivamente satisfatórias. Mas o pai

104

é percebido como aquele que poderia suprir essas carências. Como conseguir isso? Comportando-se como acha que o pai deve gostar. O pai gostaria que os filhos, e principalmente as filhas, fossem independentes. Sobre isso ele diz: "Gostaria que as filhas fossem assim mais atiradas, tivessem iniciativa, fizessem o que eu fiz toda a minha vida. Eu comecei do nada e consegui tudo sozinho e elas são dependentes e não querem se tornar independentes". Se essa independência consiste em ser igual ao pai, fazer o que ele fez, isso é impossível para as mulheres, pois elas são consideradas inúteis para acumular dinheiro. Logo, o pai quer que elas sejam o que, segundo ele, não podem ser: homens. No entanto, se Lúcia conseguisse sê-lo, segundo a mesma lógica, não precisaria mais dele: ele não seria mais necessário pois ela se tornaria independente. Pode-se pensar que essa impossibilidade de ter o afeto do pai por ser mulher (incompetente), de alguma forma se liga às contradições referentes ao papel sexual vividas por Lúcia: dificuldade para assumir sua vida sexual e dúvidas sobre sua hetero/homossexualidade. Aliás, a sexualidade de Lúcia é vivida em estreita ligação com os conflitos familiares. Já na sessão de psicodrama individual sobre o tema sexo, Lúcia se apresenta como uma pessoa frustrada e cheia de conflitos. É virgem mas sente-se anormal por tal condição, pois todas as mulheres com quem convive têm uma vida sexual. Por isso, Lúcia tem vontade de deixar de ser virgem, mas não tem coragem. Começa a falar da sua sexualidade assim: "Estou vivendo bem no tempo da onça. Não tenho acompanhado a evolução. Tenho pensado em perder a virgindade mas não tenho coragem. É uma barra pra mim muito grande".

O sexo sempre foi um tabu na família de Lúcia. Nunca conversou sobre o tema com sua mãe; apenas as irmãs mais velhas lhe falaram algumas coisas quando estava prestes a "ficar moça". Lúcia é impedida de ter uma vida sexual porque aprendeu que sexo é coisa imoral e violenta. Por isso raramente sente desejo sexual e foge de qualquer situação que possa representar uma possibilidade de contato sexual. "Quando sinto o interesse de algum homem, tiro o time de campo." Além de ter aprendido que a atividade sexual é imoral fora do casamento, aprendeu também que é perigosa por ser violenta. Por isso tem medo. Na cena dramatizada sobre o tema sexo, o medo é um elemento importante. Foi introduzido na vida de Lúcia desde quando ela era pequena e dormia no quarto dos pais. Não se lembra de ter visto alguma cena sexual explícita entre os pais, mas ficou-lhe gravada uma sensação de violência. Diz: "Sempre tive a sensação que meu pai machucava a minha mãe, que ele era bruto". Conta que ficava bastante tempo sem conseguir dormir e sofria com isso. Com seis anos passou a dormir em outro quarto. Sobre essa mudança diz: "Acordava assustada durante a noite, via bichos". Além disso, conta também que com três anos de idade se machucou e a família ficou preocupada com um possível desvirginamento, mas ninguém lhe falou nada abertamente. Ficava apenas um clima de tensão e mistério. Começou a pensar que poderia virar homem. Essa fantasia de homossexualidade acompanhou Lúcia até a idade adulta. Numa das sessões grupais, Lúcia relatou um sonho e disse que havia contado o mesmo para uma colega psicóloga. Esta interpretou o sonho e disse a Lúcia que ela passava por uma crise de identidade. Lúcia pensou logo: "Sou sapatão". Anteriormente, numa sessão de psicodrama bipessoal, Lucia havia dito que um dos motivos pelos quais tinha medo de se envolver demais na terapia era o temor de descobrir que era homossexual, porque se descobrisse teria que "se assumir", ou seja, adotar práticas homossexuais.

Há outras vivências que reforçaram em Lúcia a idéia de sexo como algo desagradável: na sua infância ouvia muito falar que as mulheres do prostíbulo de sua cidade eram violentadas pelos homens. Há também a história de uma irmã que resolveu ter relações sexuais porque estava ficando velha (exatamente como Lúcia se vê atualmente) e não havia se casado. Teve essas relações, achou ruim, arrependeu-se.

Seu namorado constantemente a pressiona para terem relações sexuais, mas ela não quer, embora às vezes sinta-se excitada. À medida que se intensificam as carícias, ela vai esfriando e ficando "dura como uma estátua". Um antigo namorado a chamou de "fria", o que lhe provocou raiva. Agora ela lhe dá razão. Uma das fantasias de Lúcia é que se ela tiver relações sexuais com o namorado ele não vai mais querer ficar com ela, por não ser mais virgem. Talvez tenha medo que, na medida em que ele veja o seu órgão sexual e o penetre, ele a despreze, como seu pai a despreza: por ser mulher.

No começo da terapia Lúcia atribuía exclusivamente a sua família uma excessiva rigidez moral. Durante as sessões de grupo passou a admitir que essa rigidez era também sua porque apenas suas idéias eram liberais. O que pensava não coincidia com o que sentia. O que achava natural para os outros não admitia para si. Tem uma irmã que é criticada na família por não seguir os rígidos padrões familiares, principalmente por dormir com o namorado. Lúcia a defende perante a família; apesar disso às vezes sente que não aceita a sua conduta sexual e chega até a ficar com raiva da irmã.

Assim como Lúcia se percebe controlada por sua irmã Anita, às vezes também se percebe controlando a irmã Cláudia em nome da moral familiar e sente que este jogo é feito por todos os irmãos. A força do pai é tão grande, que mesmo longe da sua presença — que incomoda a todos —, os irmãos controlam-se mutuamente, representando perante o outro a autoridade paterna. Todos querem agradar ao pai e ter sua atenção. Lúcia sente-se em posição mais desconfortável porque para ela não há um mínimo de reconhecimento. Para ser notada pelo pai ela já tentou até observar e imitar os irmãos que julgava terem obtido a aprovação paterna, mas nem isso foi suficiente. Enquanto as outras irmãs tentam conquistar o pai, Lúcia pretende fazer-se reconhecer. É o que se mostra na cena dramatizada durante a sessão de psicodrama individual sobre família. A cena se passa no apartamento em que Lúcia mora com outras duas irmãs. Uma delas é a que Lúcia considera a preferida do pai e que, em nome dele, exerce um controle sufocante sobre Lúcia. Lúcia sente esse poder de Anita como delegado pelo pai em função da preferência. Além das três também estão presentes o pai e a mãe, que vieram visitá-las. Lúcia pretende fazer frente ao pai se ele lhe disser algo desagradável. Ela pensa: "Se ele falar alguma coisa eu vou responder". O pai, através do solilóquio, expressa o seguinte: "Eu vim visitar minhas filhas; eu quero mostrar para elas que elas estão erradas na maneira de pensar, que elas não fazem nada, não têm iniciativa na vida em nada". A mãe faz o que o seu papel lhe permite, ou seja, torcer para que tudo vá bem: "Espero que meu marido não comece a brigar com as meninas". As irmãs também estão preocupadas com o que o pai vai falar. Uma delas, a preferida, está se preparando para receber uma reprovação: "Estou esperando meu pai falar alguma coisa do concurso que não passei. Eu não quero que ele fale isso". A outra irmã planeja conquistá-lo: "Vou tentar conquistar o meu pai, conversar com ele, falar com ele para ver se ele gosta de mim". Logo no começo, o pai já reprova as três filhas: "Estou muito contente, mas eu gostaria que todas as minhas filhas trabalhassem comigo, fossem como a Lídia. A Lídia passou no concurso. A Lídia é uma menina esforçada e eu gostaria que todas fossem assim pelo menos, já que não são todos homens, pelo menos que fossem que nem ela: ela trabalha no armazém, ela dá aula, um monte de aulas; daí, à noite, ela vai me ajudar. E as outras filhas não, são todas palermas". Enquanto as irmãs se calam, Lúcia tenta reagir: "É, o senhor acha isso mas o senhor se esquece que o senhor me barrou, todas as coisas que eu quis fazer, o senhor sempre me barrou". É a primeira vez que Lúcia consegue responder a uma reprovação paterna. Mas assim que ela começa a falar fica muito tensa e não consegue mais conversar. Não consegue concluir a cena no contexto dramático, dando a ela um desfecho diferente daquele do contexto social, apesar das sugestões dos terapeutas. Acha perigoso dizer o que sente: "Se eu falar acho que vou xingar muito meu pai". Nem no contexto dramático o pai pode ser xingado.

Essa impossibilidade de se fazer reconhecer pelo pai acompanha e incomoda Lúcia durante todo o tempo e reaparece de forma explícita durante o processo grupal. Na 18ª sessão, quando um colega do grupo está falando de seu difícil relacionamento com o pai, Lúcia irrompe em choro. Fala da indiferença de seu pai e de seu desejo de se aproximar dele, de perguntar-lhe o que pensa sobre ela. É-lhe proposto realizar esse desejo psicodramaticamente. Durante a dramatização diz: "Eu não sou nada. Ele está num pedestal porque conseguiu muita coisa e eu não consegui nada". Pergunta ao pai se ele a está enxergando e ele não responde. Fala que quer conhecê-lo e não obtém resposta. À pergunta do diretor ele responde: "Não sei se gosto dela. (...) Se ela conseguir chegar até mim eu vou deixar". Mas Lúcia não consegue concretizar seu intento. Pede para parar a dramatização. Confunde o contexto social com o contexto dramático: "É como se o meu pai mesmo estivesse aqui".

O machismo patriarcal tem em Lúcia uma grande vítima, vítima de uma dupla invalidação: além do papel filial acumula o de mulher. Para Lúcia se todos os filhos são vítimas do pai poderoso, as filhas o são mais ainda. Contudo, ao mesmo tempo que são vítimas, os filhos são cúmplices do pai, pois, no intuito de obter o amor paterno, identificam-se com ele e o ajudam no controle e dominação dos outros irmãos. Mas Lúcia sente-se a maior vítima entre todos. Enquanto os outros, embora dominados, conseguem ter uma vida que Lúcia considera razoável, ela se apresenta como totalmente insatisfeita. Tudo o que ela faz é vivido como influenciado pelo pai. A sua própria definição profissional foi decidida por ele. A opção por Medicina foi feita para agradar ao pai porque ele sempre quis ter um filho médico e não havia conseguido que nenhum de seus filhos homens fizesse o curso de Medicina. Depois de estar há dois anos fazendo cursinho para prestar Medicina ele a convenceu a fazer um curso de Engenharia numa cidade próxima, alegando que assim ela poderia ficar morando em casa.

As queixas de Lúcia sempre estavam ligadas a um sentimento de inferioridade e de autodesvalorização, pois aprendera na sua família que como filha e mulher era alguém inútil. Mas, o que mais se evidenciava na conduta de Lúcia era o forte sentimento de rejeição. Assim via-se sempre obrigada a concordar com todos, mesmo quando sua intenção fosse o contrário. Era a "boazinha". Disse ter a impressão de que "se fizer algo desagradável não vão gostar de mim". Sempre que julgava que a satisfação de seu desejo pudesse provocar a reprovação dos outros, reprimia-o. Em quase todos os seus atos, sentia-se passível de reprovação. Pensava muito em morar sozinha, separando-se das irmãs, mas temia a reação da família:

108

"Eles vão achar que estou louca". Depois vinha a depressão e o sentimento de incompetência. As expressões usadas por Lúcia mostram bem sua autodepreciação: "Sinto-me um lixo... um monte de bosta... uma bolinha de pingue-pongue nas mãos dos outros".

Lúcia diz ter sido a terapia a primeira coisa que realmente escolheu em sua vida. É uma das pessoas que mais fala de si nas sessões grupais. Em geral emociona-se facilmente e chora bastante. O grupo é o único local onde pode chorar, embora não se sinta bem chorando e tente sempre controlar-se. "Quando eu não consigo colocar a raiva, xingar alguém, eu choro. Mas eu aprendi também que não devia chorar. Nunca podia chorar nem gritar porque a mãe desmaiava e o pai ficava nervoso."

O empenho de Lúcia no processo psicoterápico era freqüentemente acompanhado de medo do mesmo. Às vezes dizia que tinha vontade de abandonar a terapia porque sentia que poderia a qualquer momento perder o controle, ou seja, ficar louca. Isso geralmente acontecia após as sessões em que se sentia bastante mobilizada e se colocava bastante. Dizia também que sentia medo de ser mudada, como se a terapia tivesse a força de transformá-la à sua revelia.

O grupo possibilitava a Lúcia uma percepção de suas formas de atuar, uma vez que repetia nele os mesmos mecanismos usados na família ou em outros contextos, com a diferença de que no grupo podia falar desses mecanismos e dos seus sentimentos. O medo de ser rejeitada pelo grupo apareceu nas primeiras sessões: suas intervenções eram sempre antecedidas por um pedido de permissão para falar. Muitas vezes deixava de falar temendo não ser bem recebida e, posteriormente, uma ou duas sessões depois, revelava sua omissão. Na 5ª sessão foi feito um jogo no qual cada um deveria escolher um objeto pessoal e colocá-lo como uma parte de uma cidade que seria construída pelo grupo. Lúcia colocou uma "casa" dizendo que era a sua casa. Na sessão seguinte, disse que algumas pessoas não haviam gostado de sua casa e se perguntava se não existia uma rejeição à sua pessoa. Na 30ª sessão Lúcia relata um episódio referente à sexualidade. É a primeira vez que o tema é tratado explicitamente no grupo como uma situação concreta. O grupo fica imobilizado e várias pessoas verbalizam o medo de abordar esse tema. Numa das sessões seguintes Lúcia reclamou pelo fato de seus colegas terem se recusado a tratar do tema que ela propusera, diz ter sido abandonada pelo grupo e ter sentido isso como uma rejeição.

No teste sociométrico, Lúcia foi uma das pessoas mais escolhidas e foi também a que teve maior número de escolhas mútuas. Recebeu seis escolhas, sendo uma em primeiro lugar, uma em segundo, três em terceiro e uma em quinto. Teve o maior índice de emissão (5/7) e o menor índice de percepção das respostas recebidas (1/7). Isso significa que suas respostas são facilmente percebidas, que Lúcia é uma pessoa transparente. Em relação às respostas recebidas a percepção de Lúcia é fraca. Entre cinco respostas de escolha recebidas, Lúcia percebeu três como indiferença e duas como rejeição, o que é uma manifestação de sua autodesvalorização.

Conforme vai se sentindo mais confiante vai podendo se expressar mais livremente no grupo. Começa a falar sobre o incômodo que sente nas sessões, seja pelas faltas de alguns colegas ou por conversas que considera chatas; chega até a discordar e a discutir. São condutas até então inéditas no seu repertório.

Em relação aos terapeutas, ela reproduz no relacionamento com eles aquilo que vivencia em relação aos pais. Há uma fase em que fala bastante da raiva que sente por T1 (o único terapeuta do sexo masculino), atribuindo a ele coisas que ele não disse e que Lúcia julga depreciativas. Na 26ª sessão uma colega de grupo fala de sua mãe e conclui que ela não tem identidade. Lúcia disse para T1: "Não gostei de você falar que ela está sem identidade". E logo depois: "Mexeu comigo porque eu acho que a minha mãe também não tem identidade. Eu também sou sem personalidade, não-constante". Na sessão seguinte relatou um sonho no qual estava com raiva do T1, e comentou: "O olhar do T1 me incomoda, assim como o do meu pai". E a seguir: "Fiquei com raiva do T1 falar que eu não tenho identidade". Assim como o pai, o diretor estava sendo responsabilizado por Lúcia pela condição na qual ela se percebia.

Algumas sessões depois volta a falar do mesmo assunto: "Eu achei em algumas sessões que você não tem muita percepção de grupo. Comigo também. Ando com raiva de você, duvidando de você e então eu xingo". E conclui: "A pessoa está quase explodindo e você não percebe". Ela se referia à sua própria situação em função de sua dificuldade para ser ouvida integralmente pelo grupo.

Na fase seguinte, Lúcia coloca-se como abandonada pelos colegas de grupo: "Eu sinto muita mágoa quando você fala, fala, fala e não tem atenção. Lembra situação familiar. Falar e ser ignorado. E outros irmãos atendidos".

Depois, na fase final do grupo, ela começa a se defrontar com sua relação com a mãe. Até então esta era vista como uma vítima do pai, tanto quanto Lúcia, e essa identidade entre ambas sempre a incomodou. A partir da 42ª sessão, na qual foi protagonista, começa a mudar a percepção que tem da mãe. Ao mesmo tempo passa a se relacionar transferencialmente com T2, que numa sessão posterior dirigiu uma dramatização em que o protagonista era outro

110

paciente. Na sessão seguinte, Lúcia disse não se sentir segura quando T2 dirigia e nada saber sobre sua vida profissional que a tranqüilizasse quanto à sua competência. Também reclama que T2 protege outras pessoas do grupo. Diz ter ficado irritada na dramatização em que foi protagonista porque T2 passou a mão na cabeça de Ana e não lhe deu carinho. (Nessa dramatização T2 fazia o papel de mãe de Lúcia e Ana o de sua irmã e ambas atuavam conforme sua determinação.) Depois disse que T2 tem uma meiguice muito parecida com a da sua mãe.

As últimas sessões, e principalmente a 42ª, em que Lúcia foi protagonista, vieram trazer novas luzes sobre o quadro de suas representações familiares. Há algumas sessões ela começara a falar da mãe e foi aos poucos se aquecendo para trazê-la à cena. Até então, apenas o pai havia sido colocado em evidência e Lúcia parecia ter medo de tratar diretamente do seu relacionamento com a mãe. Na 42ª sessão fez um relato dos acontecimentos do final de semana em que havia se reunido com algumas irmãs na casa de uma delas. Sentiu-se muito mal quando, durante aquele encontro, a conversa centrou-se na figura da mãe. Segundo Lúcia, falaram da incompetência da mãe, relembrando antigas passagens familiares. As irmãs diziam que a mãe "não fazia nada, tudo tinha que ser o pai a fazer e ela não servia para nada, que ficava só desmaiando". Depois do relato, diz: "Eu não consigo entender por que me incomoda falar dela". E complementa: "Eu acho que eu me identifico muito com a minha mãe. Eu faço como ela, fico com as mãos presas. (...) Eu quero negar a identificação, não gosto do jeito que ela é". O que mais havia incomodado Lúcia na conversa entre as irmãs era a qualificação de "retardada mental" dada à mãe: "Essa foi a primeira vez que eu ouvi o termo 'retardada mental'. O fato de as irmãs acharem que ela não serve para nada me incomoda. Me apavora a idéia de pensar que eu sou igual". Durante o aquecimento específico Lúcia diz que sente medo de tratar o tema: "Medo de descobrir aquilo que eu não sei". A seguir, especifica mais: "Quando elas falam da minha mãe acho que eu tenho medo de não gostar dela. Então fico confusa: eu gosto mas tenho medo de não gostar". Ainda no aquecimento fala porque poderia não gostar da mãe: "Ela não me queria. Ela só queria filhos até Cláudia. Ela falou que eu ia morrer. Ela já tinha encomendado o caixão. Aquilo doeu. Eu também fui a filha que ela mais sofreu no parto. Eu era muito grande".

A dramatização comprovou o que podia ser antevisto no aquecimento: a vivência de Lúcia como filha rejeitada pela mãe. Na primeira cena, Lúcia tinha 18 anos e sente-se rejeitada porque a mãe dá a suas duas irmãs menores o remédio que recusa a ela. Passa-se para uma cena na qual Lúcia tem onze anos. A situação se repete: Lúcia quer se deitar no colo da mãe mas esta não permite, e dá colo a duas outras irmãs, uma mais nova e outra mais velha que Lúcia. Entrevistada na cena a mãe fala que realmente o parto de Lúcia foi mais difícil devido ao seu tamanho. Além disso foi o primeiro parto que ela fez sem a presença de sua mãe, por isso sofreu bastante. E ainda havia a expectativa do pai de que o bebê fosse do sexo masculino. Disse também que nunca percebeu que Lúcia quisesse mais atenção, pois vivia muito cansada por causa do excesso de trabalho provocado pelo grande número de filhos e Lúcia sempre foi cuidada mais pelas irmãs mais velhas. Como Lúcia era muito quieta e não reclamava de nada, ela pensava que Lúcia vivia satisfeita com a atenção que tinha.

Lúcia vive uma situação que acha contraditória: ao mesmo tempo em que quer a atenção da mãe, tem raiva dela. Assim expressa sua dúvida: "Isso eu acho incoerente, se eu tenho raiva porque eu quero o colo?". Não consegue perceber que a raiva é justamente por não ter recebido o colo desejado. Além do que, acha que a mãe é fraca e precisa de proteção. Como se pode proteger uma pessoa a quem se odeia? Lúcia aprendeu que a convivência de sentimentos antagônicos é impossível. E aos pais só se deve amar.

Essa sessão marca um momento importante nas transformações das representações familiares de Lúcia, que foi a culminância das sucessivas e contínuas participações de Lúcia no grupo, nas quais tratava de seu grupo familiar. Na realidade o que foi revelado já vinha sendo insinuado por Lúcia como se ela já soubesse de tudo mas se recusasse a olhar de frente o cenário de suas relações familiares. O quadro até então apresentado por ela colocava o pai como a figura todo-poderosa, que nutria por ela uma expressiva indiferença, e que era por isso a causa de sua carência afetiva. Tendo em relação ao pai uma dupla oposição, filial e feminina, não via a mãe em oposição, mas se identificava totalmente com ela: ambas eram vítimas do pai.

A revelação da rejeição materna implica em reconhecer que o pai não é o único responsável pela carência afetiva de Lúcia. Se o pai é indiferente, a mãe a deixa numa situação ainda pior: a de rejeição. Aceitando que a rejeição da mãe pesa bastante em sua carência, aceita também que necessita do carinho materno, que a mãe é uma fonte provedora das suas satisfações afetivas e que por isso também tem poder sobre ela. Isso altera todo o quadro fixado pela ideologia familiar de Lúcia, pois a mãe não pode mais ser vista exclusivamente como vítima do pai, ocupando a mesma posição de Lúcia. Assim como o pai, ela também pode controlar os filhos. Aliás, ela sempre o fez, sempre foi eficiente em acabar com as discussões entre os filhos, usando a sua fraqueza: em qualquer situação desagradável, principalmente quando os filhos brigavam, ela desmaiava. A simples possibilidade de a mãe desmaiar já fazia os filhos ficarem constrangidos. Além disso era ela quem sempre dizia aos filhos para não darem trabalho porque o pai "já tinha a cabeça cheia pelas preocupações dos negócios". Embora cada um usasse seus meios particulares, o pai e a mãe exerciam em conjunto o controle sobre os filhos. Posteriormente, Lúcia pôde até lembrar-se que o pai não lhe era tão indiferente, pois, em algumas poucas situações em que ela se lembra de ter brigado na infância em defesa de seus brinquedos, foi ao pai que ela recorreu e recebeu dele proteção.

Outro aspecto importante dessa sessão foi a explicitação da identificação de Lúcia com sua mãe. Por julgar-se igual à mãe, achava que esta, por ser vítima também, deveria ser protegida, ao mesmo tempo em que se sentia incomodada por ser como ela. Esse incômodo tinha até então ficado camuflado juntamente com a raiva por ter sido por ela rejeitada. A raiva provocava sentimento de culpa e o incômodo não podia ser admitido porque significava reconhecer não gostar de ser igual à mãe — logo, não gostar da mãe. A partir dessa sessão Lúcia pôde perceber que a identificação com a mãe se dá por algumas características vistas por Lúcia como comuns, mas que as duas pessoas não se confundem.

Finalmente, se a mãe, embora vítima, não era somente vítima, porque o papel de Lúcia no jogo familiar era também por ela determinado, ficava agora impossível a Lúcia, uma vez feita essa revelação, atribuir à sua condição o papel exclusivo de vítima, impossibilitada de transformar sua própria posição dentro do quadro familiar e na vida em geral. Fica claro que nas suas relações familiares não existe a rígida divisão entre os que são exclusivamente vítimas e os que são exclusivamente algozes.

A ideologia lhe ensinara que as relações familiares são rígidas e as posições fixas: que o pai com todo o poder decorrente da sua condição de homem que se auto-realizou acumulando riquezas tinha o direito (e o dever) de controlar a tudo e a todos e que também os filhos nada poderiam fazer porque essas posições estavam naturalmente fixadas para sempre. As formações ideológicas familiares, além de fixar os papéis e as funções de cada um, oferecem um sentimento de integração e unidade, cuja possibilidade de rompimento é sempre ameaçadora, pois implica em perder os parâmetros de conduta estabelecidos. A ideologia atua na família, pois, no sentido da sua própria manutenção, criando resistências para que Lúcia a confronte com a realidade de sua vida. É por isso que todo o avanço, que implica também na criação de novos referenciais, foi sempre antecedido pelo medo de abordar os conteúdos de sua vida familiar.

CASO 8

Marcos tem 23 anos, é estudante, solteiro. É o segundo de quatro filhos (dois homens e duas mulheres). Seu pai é funcionário administrativo de uma empresa multinacional, sua mãe, professora secundária. A família sempre morou no interior. Marcos saiu de casa para estudar com 17 anos. Mora em São Paulo desde os 18. Atualmente faz o último ano do curso de Ciências Sociais, também estuda música, além de dar algumas aulas de flauta. Sua irmã mais velha, que tem 24 anos, também mora em São Paulo desde quando era estudante. Hoje ela já concluiu o curso e exerce sua profissão em São Paulo. Marcos mora com colegas em uma república de estudantes, só indo para casa dos pais em alguns fins de semana e nas férias.

Ele procurou terapia por iniciativa própria em função da situação de crise na qual estava. Anteriormente já havia começado outra terapia, mas abandonou-a no seu início por não se ter dado bem com o terapeuta.

Na primeira entrevista, Marcos teve dificuldades para falar sobre o motivo pelo qual queria se tratar. Alegou necessidade de se conhecer melhor e estar passando por uma crise existencial, o que queria dizer: depressão, confusão e sentimento de abandono. Depois de algum tempo de entrevista, relatou com dificuldade uma tentativa de suicídio há um ano. Era-lhe difícil falar disso e também de outras coisas. Afirmou que poderia ir falando mais de sua vida e de seus problemas assim que fosse conhecendo melhor o entrevistador.

Marcos ficou aproximadamente três meses em psicodrama bipessoal. Durante o processo grupal, faltou doze vezes. Foi protagonista duas vezes.

Marcos sempre se referiu à família como algo ruim, desagradável. Já na primeira entrevista, ao definir a vida familiar, disse: "Cada um fica na sua". "Meu pai é um autoritário camuflado." "Minha relação com ele é estereotipada." A única pessoa com quem Marcos tem uma convivência agradável é sua irmã mais nova.

A cena escolhida para ser dramatizada na sessão de psicodrama individual expressa o que é mais rotineiro numa família: uma refeição. Ela se dá num dos fins de semana em que Marcos está em casa e estão presentes, além de seus pais, a irmã mais nova com seu namorado. A sensação de rotina o cansa. "É tudo sempre igual, tudo a mesma coisa. (...) Me cansam as coisas de casa, minha mãe sempre protetora, meu pai sempre inseguro. A mesma rotina'', comenta depois da dramatização.

Na 3ª sessão grupal, quando um colega fala do seu desejo de agredir o pai, Marcos, que também tem fantasias de agredir seu pai, diz para o colega: "Antes de agredir tem que pensar nas conseqüências e decidir se vale a pena''. A família é considerada como "geradora de coisas ruins, mesmo involuntariamente''. Discutindo as relações familiares em outra sessão, diz: "A família não tem consciência do que ela reproduz. Se a gente não tomar cuidado vai reproduzir também''. Em uma outra sessão, afirma: "Família me dá a sensação de estranheza''. Ela significa também controle, policiamento: "Minha mãe ainda dá uma de policial; uma vez queria visitar a república onde eu morava, talvez para dar uma checada. (...) Quando morei com a minha irmã, a família ficava sabendo de tudo da minha vida''.

Na 27ª sessão, quando o grupo está discutindo o tema família, diz: "Não me relaciono bem com os pais, não é uma coisa legal. É meio problemática a relação. Não me sinto participante da família''. Na 43ª sessão ele fala de casamento: "Eu não quero casar; quero morar junto. Se não der certo... Casar é só até o tempo que dá para conviver. Acho tão falido o casamento, a burocracia, o papo de ser eterno. O ritual do casamento é babaquice''.

Essa percepção que Marcos tem de sua família nunca pôde ser expressa em seu seio. As relações dentro de sua família são regidas pelo mito da "família normal'', onde tudo vai bem, tudo é como deve ser. Por isso, as insatisfações com a realidade familiar não podem ser expressas sob pena de conseqüências desagradáveis. É por isso que Marcos diz que antes de agredir o pai é preciso pensar nas conseqüências. A única vez em que ele explicitamente cobrou o que não lhe era dado (compreensão, afeto) foi mandado a um psiquiatra, que ameaçou interná-lo. A família vai bem e aquele que nega essa afirmação é considerado perturbado. Para que a família funcione bem é preciso que os papéis sejam bem definidos. Os pais são aqueles que se sacrificam pelos filhos para que eles tenham o que for necessário e possam corresponder ao que deles se espera. O pai trabalha, esta é sua função principal. O pai de Marcos cumpre sua obrigação, sacrificando-se pelos filhos, mesmo sabendo que seu sacrifício não é reconhecido. Mas trabalha também porque não tem quem o ajude. A ideologia do altruísmo (sacrifício pelos filhos) funde-se com a do individualismo burguês (cada um deve lutar por si, a solidariedade não existe). Entrevistado psicodramaticamente o pai diz: "Tenho que trabalhar, a única coisa importante da minha vida é o trabalho, o resto não é importante. Não se deve confiar muito nas pessoas. Amigo da gente é só a gente, se a gente não se vira trabalhando, não tem onde cair morto. (...) Os filhos estão aí, daqui a pouco cada um vai pra um lado e a gente acaba ficando sozinho. (...) Trabalho como um cão por causa deles, da minha mulher, para depois ninguém dizer que eu fui um mau pai''. Ser bom pai é prover materialmente os filhos. Mas isto não significa que ache que seus filhos são ingratos por alguma causa especial. É que "todos os filhos são assim mesmo''.

As relações entre pais e filhos também obedecem aos cânones "naturais". "Se gostam porque são pai e filho. Imagine um filho não gostar do pai, um pai não gostar do filho. Nunca vi isso. (...) Na minha família filho tem que gostar do pai e pai tem que gostar do filho. Tem e gosta'', são as afirmações do pai. Quando lhe perguntam se já conversou sobre isso com os filhos, responde: "Não, não tenho o costume de conversar muito com os filhos. Acho que não precisa''.

Os filhos são vistos apenas através dos papéis sociais. O que o pai espera de Marcos é que ele "vá bem na escola, que se case, tenha filhos, fique rico''. Para isso ele trabalha e o sustenta. É isso que provoca o mal-estar de Marcos, que quer atenção, compreensão. Por não demonstrar muito ânimo em satisfazer as expectativas paternas ele é visto como meio "estranho'' pelo pai: "Ele não tem ambição. (...) faz um curso meio estranho, lê muito, estuda muito''.

O relacionamento entre os pais de Marcos é visto de formas diferentes: pelos filhos como uma farsa e pelos pais como normal. O pai vê assim seu casamento: "Faz tanto tempo que a gente tá junto; é sinal de que está bom. Se estivesse acabado tudo não estava bom''.

A mãe parece convencida de que este é o melhor casamento. "O Marcos é um bom marido, faz de tudo, me ajuda bastante. Acho que homem igual a ele não ia arrumar nunca. Ele é meio agressivo de vez em quando, mas é o gênio. Eu tenho que tolerar. De todas as irmãs acho que a que casou melhor fui eu.''

Dora, a filha mais velha, na entrevista psicodramática, diz o seguinte: "Eu odeio a minha casa, minha mãe é uma idiota, uma imbecil. Meu pai é um cafajeste. Eu odeio; nem gosto de ir lá. Eu nunca quero fazer o que eles fizeram, tenho raiva do que eles fizeram...''. Perguntada sobre a relação entre os pais, diz: "Acho totalmente falida. Os dois não se gostam, estão casados por conveniência. Fazem de conta que vai tudo bem''. Marcos também tem essa opinião: "Ela (mãe) segura as pontas. Acho que ela não é feliz no casamento. Não é feliz, não no sentido do dia-a-dia, mas não é feliz por ter sido uma escolha não muito bem-feita. Ela nunca falou isso, mas eu acho que eu sinto isso lá em casa. Ela é de uma família, assim, tradicional do interior. Ela casou com o meu pai. O meu pai, assim, não tinha estudo, nada. Casou porque achava que gostava dele mesmo. Eles namoraram muito pouco tempo, acho que um mês ou dois meses. Então acho que foi um negócio assim de susto. Casou, deve ter sido uma barra, porque ela descobriu depois do casamento. Inclusive ela conta que no dia seguinte, quando amanheceu, ela tinha assim se arrependido".

Embora a mãe trabalhe e ganhe tanto quanto o pai, é ele quem cuida dos assuntos financeiros. "Em termos é ele quem administra: o meu salário eu já tiro e dou nas mãos dele." Enquanto ele se ocupa das coisas materiais, a mãe está mais ligada a aspectos sentimentais e espirituais. É religiosa e freqüenta regularmente a igreja. É ela a responsável pela casa, embora o marido e os filhos a ajudem. Ela trabalha o dia todo fora e é muito prestativa. Mas, se os filhos reclamam da falta de afeto do pai, a mãe, embora seja mais sentimental, não provê a satisfação afetiva dos filhos. Sua dedicação aos filhos se expressa através da preparação da roupa (faz tricô, engraxa os sapatos dos filhos) e da alimentação. Na cena dramatizada na sessão sobre família, sua preocupação é com a vida de Marcos em São Paulo. "Como este menino está pálido. Será que ele está comendo direito? Não vou me meter porque... Vou ficar quieta. É bom quando ele vem pra casa." Apesar de gostar da comida de casa (esse é um dos motivos pelos quais vale a pena ir para casa), Marcos se irrita com a excessiva preocupação da mãe ("Como enche o saco a minha mãe com essas coisas. Ela vive 'tuchando' comida na gente. Só fala em comer. Se preocupa demais. Pô, como enche." No final da refeição a mãe insiste para que Marcos leve um pedaço de bolo para São Paulo e ele não aceita. "Às vezes até eu quero levar, mas eu falo que não quero, para cortar."). E a mãe se sente desconsiderada, mas se conforma ("A gente fica fazendo as coisas, se mata no fim de semana. No fim ele nem quer levar, porque é muito peso. Mal ele sabe o trabalho que eu tive para fazer isso. Mas eu não falo nada. Deixa. A vida é assim mesmo.").

Se o pai provoca a raiva em Marcos porque é autoritário, a mãe parece provocar pena. Ela é tão exagerada nas suas preocupações com os filhos, tem uma voracidade em estar servindo os filhos, principalmente Marcos, que o cansa e faz com que ela se apresente no cenário familiar como alguém que é sempre devedora. Na dramatização da sessão sobre família, a postura de Marcos e a da mãe eram semelhantes, e nos comentários Marcos diz: "Me identifico com ela, sou sozinho e ela também". A identificação de Marcos com a mãe se dá pela solidão (quando ele fala do casamento da mãe o tom de voz é de pena) e também pela culpa ("Minha mãe é uma figura muito sofrida, representa sentimento de culpa"). A mãe também o intriga. Num jogo dramático, Marcos escolhe o papel de mãe. Depois explica: "Escolhi a mãe porque minha mãe é uma pessoa que me intriga. Queria saber como era o papel de mãe". A superproteção que ela lhe dedica, ele sente como uma reparação por ele ter contraído uma doença na infância que deixou uma lesão num dos pés. "Estou cheio desta proteção; sempre foi assim desde que eu era criança, desde a doença. Acho que ela se sente culpada", é o que ele revela quando é protagonista, na 44ª sessão. Marcos sente raiva e também culpa por ser tratado assim, mas não pode falar isso para a mãe ("Tenho medo de que ela desestruture, pire").

A culpa acompanha Marcos em toda sua vida, quase nada pode fazer livremente, sem se sentir culpado. Referindo-se ao sexo em sessão de psicodrama individual diz viver na contradição: por um lado acha sexo uma forma natural de ter prazer, por outro, sente que o sexo é algo errado. Está ligado à moralidade, o que o fez ter uma sexualidade reprimida e vivida como algo conflituosa ("Não me permito ter uma vida sexual mais liberada"). Várias vezes no grupo ele falou de seu sentimento de culpa por algo que acontecia: faltar às sessões provocou em Marcos sentimento de culpa; certa vez, quando uma colega de grupo a quem ele rejeitara no teste sociométrico manifestou seu desejo de deixar o grupo, Marcos sentiu-se culpado: achava que ela queria sair por estar magoada por ele.

Enfim todos os sentimentos, principalmente os desagradáveis, não podiam ser manifestos no grupo familiar de Marcos porque isto colocava em risco a crença da "família normal". Impedidos de exigir a satisfação de suas carências, os filhos aprenderam a dissimular, cresceram desconfiados e desenvolveram a rivalidade. Os dois irmãos mais velhos, que já saíram de casa, percebem os pais de uma forma semelhante. No entanto isso não os une, mas os separa. De todos os irmãos, Dora é a que mais incomoda Marcos. Acha-a falsa. Os adjetivos que ela lhe atribui são todos desagradáveis: "Meu irmão é uma besta, metido a intelectual. Indecente. Tem hora que eu tenho nojo dele. É ridículo". Ambos moraram juntos algum tempo em São Paulo. "Nessa época, em casa eles sabiam de tudo o que eu fazia, ela controlava a minha vida, eu também controlava a dela, só pela presença." Os dois, que têm uma mesma função dentro da família, quando distantes dela assumem — um em relação ao outro — o papel dos pais ausentes.

A desconfiança é uma atitude que está presente tanto nos conteúdos do que Marcos colocava nas sessões quanto na sua forma de se relacionar no grupo. O pai dizia: "Não se deve confiar em ninguém (...) Amigo da gente é a gente mesmo". A irmã mais velha também expressa várias vezes essa atitude: "Eu só vou dar informações se eu realmente souber que você vai ajudar ele". Sobre o irmão ela diz: "(...) eu sei muito bem as coisas dele, sei como ele é, ele não me engana... eu pesco as coisas no ar". O mesmo discurso se repete sobre o pai: "Meu pai também conheço muito bem. Eu pesco as coisas no ar". No grupo, por várias vezes, Marcos fala da confiança. Logo na 1ª sessão ele lembra que deve haver sigilo em relação ao que é falado no grupo. Na 6ª sessão diz: "Acho que fico inibido de colocar as coisas. Ainda não confio muito no grupo. Confiar é se abrir sem se justificar, sem estar preocupado com valores, sentindo que tem abertura no grupo e que as pessoas não vão te ver de uma maneira negativa, te rejeitar". Para Marcos a confiança deveria vir com a convivência, na qual ele testaria a reação das pessoas, só assim ele poderia se colocar. "Tem mais uma pancada de coisas que não caberia e que nem estou a fim de falar agora. Acho que com a convivência vou soltando as coisas." Foi muito difícil para Marcos tocar nos assuntos que mais o incomodavam. Somente na 14ª sessão ele falou da sua experiência de tentativa de suicídio. Seu conflito sexual, que às vezes ele apontava como algo importante para ser trabalhado, jamais foi trazido à discussão. Na penúltima sessão, ao fazer avaliação através de um jogo dramático, Marcos diria para o grupo: "Você é muito heterogêneo, ainda não confio em você o suficiente".

O principal mecanismo utilizado por Marcos nas suas relações interpessoais é o da dissimulação dos sentimentos. Ele aprendeu em sua família que a evidência dos sentimentos pode ser perigosa porque denuncia o mau funcionamento daquilo que deve funcionar muito bem: a família. Esse mecanismo provoca confusão nas pessoas que com ele convivem, a irmã mais velha ora diz que o ama e ora diz que o odeia, sem saber precisar em que situações predominam um ou outro sentimento. No grupo era difícil para os colegas perceberem o "astral" de Marcos em cada sessão. No teste sociométrico, juntamente com Lúcia, Marcos é o mais escolhido (recebeu 6 escolhas — uma em 1º lugar, quatro em 2º e uma em 3º). O seu índice de percepção das respostas recebidas foi bom (4/7), mas o índice de emissão foi o mais baixo do grupo (2/7). Isso significa que das sete respostas emitidas por Marcos, apenas duas foram corretamente percebidas por seus destinatários, as outras foram bem dissimiladas.

Na 12ª sessão, Marcos fica muito irritado no grupo quando está em pauta seu mecanismo de dissimulação. Várias vezes ele expressara sua contrariedade pelo fato de o grupo discutir as dificuldades de se falar ou de se explicitar sentimentos no grupo. A reação de Marcos nessas ocasiões manifestava-se em geral como raiva de alguns dos terapeutas, que para ele significavam a autoridade no grupo. Na 12ª sessão T3 lhe perguntou, logo no começo, se estava bravo (sua expressão facial era de raiva), o que foi prontamente negado. Marcos ficou em silêncio durante uma hora. Depois quando o grupo discutia a necessidade de se falar, ele explodiu: "Não sou obrigado a falar". Passou a defender o direito de silêncio de cada um e se dirigiu agressivamente à T3. Depois de alguma discussão revelou que estava com raiva dela desde o começo da sessão e quando ela perguntara se ele estava bravo ele mentiu. Dez sessões depois ele expressa novamente sua contrariedade com T3. Diz que sua presença o incomoda, porque tem um aspecto autoritário, e também porque é médica. Logo depois ele revelou que a raiva já vinha desde a sessão anterior. No final da sessão depois de falar um monte de coisas para o grupo, o T1 olhou para a T3 e a T2. Deu a impressão que era um olhar de confirmação do que eles já sabiam: "que as pessoas não iam falar mesmo". A desconfiança de Marcos, em vez de ser confrontada com a realidade, vai alimentar os sentimentos de raiva e de desconfiança desenvolvidos em relação às figuras de autoridade.

Em geral, quando dominado por um sentimento incômodo, Marcos procura "se desligar" daquilo que o provoca. Quando o que estava sendo discutido lhe poderia provocar reações "perigosas", ele divagava, procurava se distanciar da sessão e uma vez chegou até a dormir. Numa das últimas sessões disse estar "muito puto, sem saber por quê". T2, que o observava, pediu para fazer uma inversão de papéis com T1, e ele explicitou sua raiva: a sensação que teve de T1 como autoritário. O que lhe despertou esse sentimento foi a impressão de que T1, quando fazia uma pergunta a alguém do grupo, já sabia a resposta. Basta ser identificado como autoridade para receber o ódio de Marcos. Nessa sessão, após a elucidação da razão de sua raiva, ele lembrou várias outras situações de sua vida em que isso acontece, principalmente com professores. Nessas ocasiões, por não ficar esclarecida essa reação transferencial, o clima do grupo sempre fica ruim e Marcos passa a se sentir culpado e abandonado.

Uma das queixas de Marcos na fase inicial do grupo era sua dificuldade de relacionamento, que provocava o afastamento das pessoas. Durante o processo grupal descobriu que isto está ligado a seu papel aprendido na família: dissimula e sente-se culpado, daí agredir as pessoas, muitas vezes procurando fazê-las sentirem-se culpadas também. Depois sente-se deprimido e abandonado. Não sabe como evitar isso. "Peço ajuda para as pessoas, mas não sei se a maneira como peço é correta. E me deprimo." A depressão era o sentimento que acompanhava Marcos após as sessões em que ele saía sem se colocar totalmente.

Nas duas ocasiões em que Marcos foi protagonista ele não propôs isso diretamente. Em ambas as vezes chegou dizendo que ia sair do grupo porque não estava se sentindo bem e achava que a terapia não o estava ajudando. Mas todos os sinais não-verbais indicavam que não era isso que ele pretendia dizer. O grupo por duas vezes percebeu isso e Marcos pôde ser protagonista. Essas duas dramatizações foram importantes para o processo terapêutico de Marcos. Na primeira delas ele diz estar se sentindo como numa "montanha-russa quando vai cair: com frio na barriga". Dramatiza uma situação recente na qual pensou em suicidar-se por estar se sentindo só e abandonado. O sentimento de abandono o leva a uma cena da infância. Tem dois anos de idade e está em casa, brincando com um cachorro de pelúcia. Há outras crianças presentes. Quando quer se aproximar das crianças para brincar a mãe o impede porque sua doença é contagiosa. A mãe fica marcada como a pessoa que impede seu contato com outras crianças, que o faz sentir-se só. O tema do abandono da mãe reaparece posteriormente nas sessões de psicodrama bipessoal que Marcos retoma após o processo grupal. Dramatiza uma cena na qual tem um ano e meio de idade e está hospitalizado. O pai ajuda a enfermeira a lhe aplicar injeções, o que o faz sofrer. Logo depois a mãe vem visitá-lo; para ele a mãe significa neste momento conforto e proteção. Mas ela fica apenas alguns minutos porque tem que sair para trabalhar, deixando Marcos abandonado ao seu sofrimento. Essa relação cristalizada nunca pôde ser mudada, porque não se pode falar de sentimentos desagradáveis na família de Marcos.

As duas cenas acima marcam a percepção da mãe que será cristalizada por Marcos: ao mesmo tempo em que o abandona quando ele precisa dela, e assim o deixa afetivamente carente, ela também é obstáculo, que Marcos passa a carregar internamente, ao desenvolvimento de outros relacionamentos.

Na segunda vez em que Marcos é protagonista sua dramatização revela um outro mecanismo de defesa utilizado por ele, cuja origem está nas relações familiares: o esvaziamento das situações de conflito com a repressão de seus sentimentos, quando não há mais possibilidade de dissimulação, ou seja, uma tentativa de recompor a dissimulação. Já na sessão de psicodrama individual houve uma cena em que ele conversa com uma ex-namorada e lhe propõe um relacionamento sexual. À resposta negativa da moça, ele responde: "Então tudo bem; se você acha que é assim, tudo bem". Também no grupo, várias vezes ele tentou acabar com confrontos indesejáveis, esvaziando-os com a expressão: "Tudo bem".

A cena então protagonizada por Marcos dá-se na sua casa: ele está em seu quarto tocando violão e a mãe grita que está na hora de sair para pegar o ônibus para São Paulo. Fica com raiva porque sente que é tratado como criança. Pensa: "Vou embora sem despedir, saco, não agüento mais essas coisas que acontecem em casa. Será que ela não percebeu que eu estou cansando, que não sou mais criança?". Mas no caminho do quarto até a sala sua raiva desaparece (desaparece?), ele despede-se normalmente e até permite que o pai o leve à estação rodoviária, contrariando seu desejo. Ele não pode expressar seu sentimento porque poderia perder o controle e expressar tudo o que está acumulado.

Na sessão seguinte relata que conseguiu telefonar para o pai no dia de seu aniversário e conversar com ele e com a mãe, sentindo-se bem, sem raiva nem culpa. Marcos começava a entender o funcionamento da sua família que, a partir das representações ideologizadas que faz de si, não permite que as relações entre seus membros sejam francas e diretas, originando assim sentimentos de desconfiança, de culpa e abandono. Progressivamente Marcos vai podendo encarar a realidade de sua família e entender que as estruturas de relacionamento podem ser alteradas a partir do movimento que ele inicia neste sentido. Reconhecendo a mutabilidade dos relacionamentos e identificando os momentos de sua história em que eles foram fixados, Marcos pode se relacionar com os pais de forma mais livre, ou seja: pode expressar seus sentimentos e idéias em relação a eles e pode também manifestar as contrariedades geradas na convivência familiar, sem sentir-se culpado e sem medo.

CONSIDERAÇÕES FINAIS

A leitura dos casos nos permite refletir sobre vários aspectos referentes às articulações entre família, ideologia e psicodrama. Os casos constituem apenas um meio didático, pois estas reflexões integram as análises nascidas na prática cotidiana de psicodramatista e também leituras e discussões sobre o tema.

O primeiro aspecto a ser considerado refere-se à utilização do psicodrama na pesquisa das formações ideológicas. O que pudemos constatar, em consonância com Moreno e outros psicodramatistas, é que fazer psicodrama consiste em dedicar-se à investigação, ou seja, trazer à cena os sentimentos, atitudes e valores que configuram a maneira de os sujeitos se colocarem no mundo, o mundo das relações sociais. Moreno já havia afirmado que o psicodrama era um método de pesquisa, por ser a busca da verdade, verdade essa que pode receber o adjetivo de existencial por se referir ao movimento de encontro do sujeito com sua verdade íntima e pessoal, mas que não deixa de ser reveladora das formas de inserção do sujeito nas relações sociais historicamente situadas. Não existem dois sujeitos, um referente ao mundo interno e outro às relações com os outros, mas sim uma unidade que se constitui dentro de um processo histórico, pela sua inserção na cultura. O que podemos observar a partir das análises realizadas é que quanto mais se faz psicodrama, mais explícitas se tornam as formações ideológicas que presidem a estrutura dos relacionamentos interpessoais de cada sujeito. Não é por acaso que as possibilidades de análise das representações ideológicas de Lúcia e Marcos são mais ricas. Foram os dois sujeitos que mais se lançaram nesse movimento de pesquisa e, conseqüentemente, foram mais vezes protagonistas. Não que fazer psicodrama seja simplesmente dramatizar por dramatizar, pois a dramatização em si mesma pode também ser um instrumento adaptativo, ou simplesmente um espetáculo de representação ou, ainda, uma forma de manipulação do terapeuta. Para que a dramatização seja o principal momento do psicodrama onde as máscaras caiam e o drama se revele é necessário que ela seja psicodramatização no sentido que lhe dá Naffah Neto: "... desenvolvem-se as fantasias, corporificam-se os fantasmas para que eles possam encontrar seu vazio constituinte; recuperam-se a trama e o enredo do Drama, basicamente para desenredá-lo".[1] No caso de Marcos, por exemplo, foi somente após deixar tomar corpo o seu sentimento de abandono, essa força avassaladora, por ele tida como proveniente de algo exterior a si, que o prostrava em depressão e que já o havia inclusive conduzido ao caminho do suicídio, que ele pôde resgatar um momento decisivo da formação desse papel (de abandonado e solitário): o momento de sua infância no qual foi impedido por sua mãe de ter contato com outras crianças, em função de estar doente. Foi a partir do esfacelamento da suposta causa de sua presente condição de vida que ele pôde, no percurso psicodramático, chegar ao ponto onde — mergulhado nas interações entre os papéis familiares — se cristalizou o papel de abandonado e solitário. A dramatização é psicodramatização quando se apóia no caráter coletivo do drama, que através do discurso e da ação dos vários membros do grupo ingressa no contexto grupal, impregna toda a rede sociométrica, para se explicitar no contexto dramático, condensado na figura do protagonista que será o encarregado da produção dramática. Foi somente a partir do momento em que colocou ao grupo sua decisão de abandoná-lo por se sentir abandonado e sozinho, que Marcos pôde ser protagonista e integrar não somente sua forma de se colocar no grupo de psicodrama e em outros grupos, mas também a forte depressão que vinha sentindo com sua tentativa anterior de suicídio e suas vivências infantis no papel de filho. A dramatização é, pois, a culminância de um processo que se desenvolve grupalmente, no qual cada indivíduo tem uma posição articulada com os demais em função do projeto grupal. Assim, muitas vezes, o próprio contexto grupal permite *insights*, a partir da compreensão das articulações entre as individualidades e suas relações com o projeto grupal, bem como com ideologias implicadas nessas articulações.[2]

Além disso, as técnicas psicodramáticas como o solilóquio, o espelho, o duplo e, principalmente, as inversões de papéis vão fornecendo os meios com os quais vai se constituindo a expressão daquilo que permanecia até então encoberto. Mas é na dramatização que se dá o salto qualitativo para a explicitação das formações ideológicas. E cada dramatização traz novas revelações, às vezes surpreen-

---

1. Naffah Neto, "Psicodramatizar", *in Psicodramatizar*, São Paulo, Ágora, 1980, p. 43.
2. Para melhor compreensão do conceito de projeto grupal ver Milan, B. *O jogo do esconderijo: terapia em questão*, São Paulo, Pioneira, 1978.

dentes, como se fosse um nó sendo desamarrado, a partir do qual outros também poderão sê-lo. O desamarrar desses nós em geral conduz a uma cena familiar, porque o método psicodramático não se limita à constatação e análise da inoperância do desempenho de um papel na situação presente, mas também busca a elucidação de sua constituição, ou seja, o momento na história do indivíduo em que o papel se cristalizou, impedindo um desempenho criativo e espontâneo. Como em nossa sociedade a família é o primeiro modelador dos papéis sociais, através da modelagem do papel de filho, a matriz de identidade de todos os papéis sociais localiza-se nas relações familiares. Aí, necessariamente, evidenciam-se as formações ideológicas familiares, pois o aprendizado do papel de filho efetua-se por sua interação com outros papéis familiares, principalmente com o de pai e de mãe. Esses, por sua vez, são desempenhados de acordo com a ideologia vigente na família.

Se o psicodrama é um método de investigação das ideologias, não se pode esperar de sua utilização os mesmos resultados para todos os sujeitos ao mesmo tempo, pois é um método que depende não de um investigador, mas de todos que participam do grupo de psicodrama. Nesse sentido, pode ser constatado que o comprometimento de cada um com o processo terapêutico varia em função das próprias características pessoais dos sujeitos e também do processo grupal, isto é, das sucessivas articulações que se dão entre as individualidades durante o desenvolvimento do grupo. Nesse sentido, embora um ano de grupo tenha sido um critério adotado em função das necessidades da pesquisa, o tempo necessário para que se revele, no processo terapêutico, a estrutura das articulações ideológicas pode variar de sujeito para sujeito.

Em relação a essas variações verificadas no grupo, podemos fazer, a título de hipóteses, algumas considerações. A primeira refere-se ao comprometimento do sujeito no processo terapêutico quando isso o leva a transformações importantes em sua vida, ajudando-o a desvelar as ideologias que o envolvem. Nesse caso há aí uma tendência a aumentar o seu envolvimento com o processo terapêutico. Quanto mais se descobre, mais se quer descobrir. São os casos de Lúcia e Marcos. Os dois foram os únicos que efetivamente continuaram a fazer terapia após o processo grupal.

O próprio processo de descoberta, que permite questionar e desnudar as representações ideológicas que controlam a vida dos sujeitos, pode também ser um determinante da desistência da psicoterapia. Isto ocorre quando o sujeito se aproxima de algum aspecto de sua vida cuja explicitação lhe parece dolorosa demais para ser enfrentada. O modo como cada um enfrenta esses momentos do processo terapêutico depende de alguns fatores. Em primeiro lugar, há o próprio conteúdo da representação, e seu significado em função da história de vida do sujeito. Outro fator importante é o momento da evolução do sujeito no processo psicoterápico, isto é, como ele está conseguindo substituir os estereótipos antigos por novas formas de desempenho de papéis. E, finalmente, há a inserção do sujeito no grupo, que o fará sentir-se mais ou menos protegido para enfrentar situações ameaçadoras.

Lúcia e Carlos apresentam-se como dois modelos polares em termos do desfecho dessa situação: para Lúcia, que sentia-se bastante amparada no grupo, a desmitificação da figura materna, embora bastante temida e dolorosa, é uma oportunidade para avanços em suas descobertas. Para Carlos, na medida em que sua posição de herói/mártir começa a desmoronar, ele vai ficando em situação desconfortável no grupo e não sabe mais como se relacionar fora deste papel, não lhe restando outra saída senão o abandono da terapia. São comuns os momentos de crise de alguns pacientes no grupo, que podem levar ao abandono, quando o grupo ameaça colocar abaixo papéis que são vitais para a auto-imagem que alguns pacientes tentam manter — o bonzinho, o justo, o liberal. A queda dos mitos familiares pode ter o mesmo efeito. Naffat Neto [3] e Azeredo[4] se referem às dificuldades para desmistificaçaõ da "sagrada" figura materna.

Há ainda os casos em que, durante todo o período das sessões grupais, a própria ideologia funcionou como um potente freio ao movimento de se lançar num processo de descobertas e de transformações. A princípio, e durante boa parte das sessões, quase todos tinham uma expectativa de que a terapia por si só iria transformar suas vidas, sem que para isso tivessem que fazer um esforço pessoal. Essa resistência foi mais evidente em Vera. Ela disse várias vezes que, apesar de ter percebido durante as sessões vários aspectos de sua vida que deveriam ser tratados e mudados, o principal motivo por que fazia terapia era a recomendação feita por uma professora (a de que todo estudante de Psicologia deveria submeter-se a uma terapia). Ela mais de uma vez deixou claro que não desejava transformar sua vida se esta transformação colocasse em risco as chances de seu planejado casamento. Ela gostaria que sua família se transformasse em direção ao modelo que idealizava, que pudesse se sentir mais segura, e que o seu relacionamento com o noivo fosse mais estável; mas para preservar o futuro casamento, abriria mão de todos esses desejos. Assim, para Vera, a terapia era vivida tanto como esperança

---

3. Naffah Neto, A. "O drama da família pequeno burguesa", *in Psicodramatizar.*
4. Azeredo, Maria Mello. "Mamãe está cobrando", in *Psicologia e Comportamento*, S. Paulo, 1984, vol. I, pp. 34-38.

quanto como ameaça. Essa ambivalência aparece também em Lúcia: a terapia é perigosa porque pode revelar um lado homossexual que ela teme, e que seria obrigada a assumir.

O grupo de psicodrama, como todos os grupos terapêuticos, favorece a manifestação de sentimentos transferenciais originários das relações familiares. Freqüentemente os terapeutas são colocados no lugar dos pais, e os colegas no lugar dos irmãos. O deslocamento da situação familiar para o grupo permite que sejam trabalhadas ao vivo situações importantes da vida familiar, na qual o peso das representações ideológicas é determinante. No caso de Marcos, o sentimento de abandono e de rejeição que aparece no grupo é o ponto de partida para a dramatização que vai levá-lo à cena familiar na qual se originou seu drama.

Uma questão central deste trabalho refere-se à forma como os sujeitos representam a instituição familiar a partir de sua vivência numa família concreta inserida nas relações sociais de uma determinada época. Para isso, interessa verificar como se dá essa inserção das famílias dos sujeitos (dos casos relatados na unidade anterior) na realidade sócio-econômica. Podemos afirmar que são todas famílias pequeno-burguesas. Não tem aqui esse termo o significado de classe de transição dado por Marx ao indicar, sob tal conceito, os camponeses e os artesãos. Embora sua concepção de mundo se determine pela posição ocupada nas relações de produção, o termo pequeno-burguês implica mais numa mentalidade, numa concepção política, numa ideologia, do que numa determinada posição nas relações de produção. Por não estarem no ponto de choque entre o capital e o trabalho, pois não são nem produtores, nem podem ser considerados capitalistas no sentido moderno, desenvolvem uma ideologia negadora da contradição principal do capitalismo, sendo os maiores defensores da harmonia social. Os que não são pequenos proprietários podem ser considerados o que Harnecker chama de "trabalhadores indiretos": têm função de organização, vigilância e controle, em distintos níveis do processo de trabalho.[5]

Vejamos a situação sócio-econômica das famílias dos sujeitos: três pacientes são filhas de comerciantes (dois pequenos e um médio), cuja atividade é mantida basicamente pela mão-de-obra dos membros da família. Suas mães dedicam-se ao trabalho doméstico. Embora sejam filhas de comerciantes, elas não participam dessa atividade econômica: duas são assalariadas em funções administrativas e uma é estudante universitária.

---

5. Harnecker, Marta. *Conceitos elementais do materialismo histórico*. Santiago, Faculdades de Economia e Sociologia da Universidade do Chile, 1973.

O pai de um dos sujeitos é assalariado do Estado e ao mesmo tempo pequeno-proprietário. A mãe divide o seu tempo entre o trabalho doméstico e a ajuda ao marido. Trabalha como revisora na editora que possuem. O filho é estudante universitário.

Um outro pai é construtor autônomo, que trabalha por empreitada, contratando serviços e mão-de-obra por tarefa. Sua esposa dedica-se ao trabalho doméstico. A filha trabalha como secretária. Os outros são exclusivamente assalariados.

Um dos sujeitos é filho de policial e de professora. Sua mãe trabalha fora meio período e no restante do dia é dona de casa. O sujeito trabalha como escriturário e estava concluindo o curso superior no tempo em que participou das sessões grupais. Outro é filho de vigia, ex-policial, cuja esposa se dedica ao trabalho doméstico. Esse sujeito é bancário. Há o caso do sujeito que é estudante universitário cujos pais são assalariados: o pai é funcionário administrativo de uma grande empresa e a mãe é professora secundária em dedicação integral.

Todos os sujeitos têm um nível de vida que pode ser considerado de classe média, levando-se em conta os amplos limites dessa categoria. O próprio fato de poderem dispor de tratamento psicoterápico, embora institucional, é indicativo dessa posição. Uma grande maioria estudou, ou estuda, em curso superior, todos em escola particular. Apenas um deles tem um padrão de vida marcado pela carência material, pois apesar de ser bancário e ganhar o suficiente para ter uma vida de classe média, usa seu salário para ajudar o orçamento de sua família.

Trata-se, portanto, de famílias pequeno-burguesas que têm no conservadorismo um dos traços mais característicos. A família pequeno-burguesa não tem uma função econômica imediatamente identificável, em torno da qual ela se organize e ganhe um sentido. Hoje, ela se constitui mais como uma unidade de consumo. Mesmo os empreendimentos dos pais pequenos proprietários que são mantidos pelo trabalho da família, não constituem uma atividade familiar no sentido de engajar a família como unidade, já que aproveita apenas parte dos filhos. A maioria deles segue um caminho próprio, em geral como assalariado de outro patrão moderno: o grande capital ou o Estado. Assim sendo, o que mais se evidencia é a sua função de reprodução ideológica. Apenas um dos pais, que é proprietário, pensa em ter filhos para ajudá-lo na acumulação de capital, mas apenas dois de seus filhos homens o fazem, e mesmo assim sem dedicação integral a essa tarefa. O objetivo maior das famílias passa a ser o de dar uma boa educação para os filhos, pelo que se entende dotá-los de valores condizentes com a sociedade em que vivem e permitir-lhes a aquisição de um diploma universitário.

As análises efetuadas mostram que a sexualidade é vivida em consonância com a ideologia veiculada pela família. Existe uma contradição entre a sexualidade tal como é vivida por cada um e o discurso elaborado sobre ela. O discurso refere-se a uma sexualidade abstrata. Todos dizem que a encaram como algo natural, normal, voltada para o prazer. Mas ela é vivenciada concretamente com preconceitos, o que provoca insatisfação, temor e sentimento de culpa. Todos defendem a liberdade sexual e praticam o contrário. Aprenderam na família que o sexo é feio e sujo. Mas essa aprendizagem nunca foi feita por transmissão explícita de valores, mas de forma camuflada, sutil. Todos os sujeitos têm em comum o fato de nunca terem conversado abertamente sobre sexo em suas famílias,[6] e no entanto aprenderam que ele é algo errado. Mais eficientes que a fala direta foram as atitudes, os gestos, as insinuações e o apontamento de outras pessoas como exemplos nocivos. Ao mesmo tempo em que a família ensina que o sexo é proibido, impede que se fale sobre essa proibição. Talvez em razão disso, o tema sexual não pôde ser enfrentado diretamente no grupo. Sempre que aparecia, era escamoteado. Pode-se até falar da sexualidade em geral, como algo abstrato. Não se pode, entretanto, problematizar a vida sexual de cada um.

Na família pequeno-burguesa a sexualidade é reduzida à genitalidade. A atividade sexual tem apenas um objetivo: a procriação. Não há nela lugar para o prazer sexual sem finalidades de reprodução. As relações sexuais são estereotipadas e os parceiros insatisfeitos. Nenhum dos sujeitos acredita na felicidade sexual de seus pais.

Expulso da vida familiar, o prazer instala-se na vida extraconjugal e nas perversões. Estas, ao mesmo tempo em que são condenadas moralmente,[7] são desejadas porque significam a fuga da sexualidade familiar.

Se a sexualidade na família não é prazerosa, o prazer passa a ser buscado fora dela. Mas somente os homens realizam essa busca, já que só eles têm esse direito. Dois sujeitos têm pais que mantêm um relacionamento permanente com uma amante e vários suspeitam que seus pais tenham aventuras sexuais. O casamento pequeno-burguês é monogâmico somente em sua representação. Sua realidade permite aos homens

---

6. Vera revelou não saber o que estava acontecendo consigo ao ficar menstruada pela primeira vez. Vera e Ana somente descobriram que eram sexuadas depois dos dezoito anos, em contato com os respectivos namorados.

7. Numa sessão em que se falou da homossexualidade, todos os homens presentes admitiram ter tido relações homossexuais e imediatamente as justificaram como sendo coisa do passado e não provocada por seus desejos, mas pelas circunstâncias.

129

o que proíbe às mulheres: a busca do prazer sexual fora de seus limites. Embora os filhos fiquem incomodados com o fato de os pais terem amantes ou aventuras extraconjugais, convivem com a situação sem denunciar o mal-estar por ela provocado. Podemos nos interrogar por que isso se dá. Essa questão faz-nos retomar a origem do casamento burguês, onde a virgindade e a fidelidade conjugal da mulher são imprescindíveis para garantir a transmissão da propriedade para os legítimos descendentes do pai. No entanto, parece haver algo mais, referente à definição dos papéis dentro da família. O pai, responsável pela manutenção material da família, pode buscar o prazer sexual fora dela sem comprometer sua função na família. Já a mãe, pelo contrário, é a responsável pela coesão ideológica da família (a maioria das mães mostrou-se feliz por ver a família reunida, apesar do clima de tensão e de desagrado presente). Ela é o arauto da unidade familiar e educa os filhos em função da harmonia desejada. Portanto, uma transgressão sua colocaria em risco a suposta unidade pregada pela ideologia. A transgressão masculina é, pois, tolerada, mas no caso da mulher, ela acarreta em geral a dissolução do casamento acompanhada da inculpação feminina ou até mesmo seu assassinato, cometido "em legítima defesa da honra".

Podemos notar que a definição fixa dos papéis sociais familiares aparece em todas as famílias, e que em todas está presente o patriarcalismo. A exemplo da divisão social do trabalho que opera na sociedade, cuja dominação de uma classe sobre a outra a ideologia tenta escamotear pela divisão técnica do trabalho, nas famílias estudadas a fixação de funções cristalizadas nos papéis sociais familiares — apresentada como natural — encobre uma relação que é de dominação. O pai é a figura centralizadora do poder. O que varia é apenas o grau de poder acumulado por ele, que pode ir desde uma concentração absoluta que se expressa por uma tirania paterna, na qual o pai tem inclusive o direito da agressão aos filhos e à esposa, até a dominação dissimulada que se expressa através de uma manipulação camuflada. O pai é o "dono" da família e as suas funções estão ligadas prioritariamente ao mundo do trabalho. Por isso sua função principal é a de manter a casa, e quando isso é conseguido é motivo de orgulho para todos. Na fala da maioria dos pais o que se destaca é o apego ao trabalho, o cumprimento da obrigação de não deixar faltar nada em casa e de dar condições materiais para que os filhos se formem, isto é, possam freqüentar escolas e se preparar para ter uma boa vida do ponto de vista material. Claro que, entre as obrigações do pai, está a de cuidar para que os filhos não se percam pelos caminhos da vida, isto é, para que não recebam más influências e se tornem rebeldes, marginais ou contestadores. Cabe ao pai essa função de definir os padrões de conduta, mas quem executa o que é necessário para atingir esse fim é a mãe, por estar mais próxima dos filhos. O único caso em que não aparece a preocupação paterna com a "formação" dos filhos é o de Carlos, pois, dada a carência material da família e a tirania inconteste do pai, este se preocupa prioritariamente com o presente: como os filhos vão ajudar a colocar comida em casa a cada dia. Enfim, ser "bom pai", isto é, ser pai, conforme está estabelecido pela ideologia pequeno-burguesa, é cuidar bem dos aspectos materiais e morais da família, mesmo que isso tenha que ser feito através da força, pois é uma obrigação. Vários pais deixam claro que essa é uma obrigação inglória. Inglória porque nem sempre obtém um reconhecimento: os filhos, depois de criados, passam a cuidar de suas vidas e se esquecem dos pais e dos sacrifícios que eles fizeram pelos filhos ingratos. Mas, mesmo tendo essa expectativa, os pais não deixam de cumprir, às vezes com orgulho, essa obrigação, apesar de — com isso — criarem nos filhos a idéia de uma dívida. Muitas vezes criar filhos é entendido como sinônimo de dar condições para que eles estudem; alguns sujeitos expressaram que a lei paterna era clara nesse aspecto: enquanto o filho estivesse estudando o pai lhe daria tudo que ele necessitasse. A partir do dia da formatura nenhum tostão lhe seria fornecido porque a obrigação paterna estava cumprida e agora compete ao filho ganhar a vida por conta própria.

Estas concepções se mantêm por força de dois mitos alimentados pela ideologia dominante e reproduzidos pela família: o mito da melhoria das condições de vida pela obtenção de um diploma universitário e o mito da realização individual. Se os pais concebem que dar escola é dar futuro, e que esse deve ser em geral melhor que o presente, é porque acreditam que a melhoria das condições de vida dos filhos com diploma universitário depende apenas de seu empenho e esforço para subir na vida. A idéia expressa na frase "sem diploma não se sobe na vida" foi expressa mais de uma vez, o que nega a realidade, já que as ofertas do mercado de trabalho são determinadas pelas relações de produção. O que mantém essa crença senão a força da própria ideologia? No grupo, os três sujeitos que já haviam concluído o curso não trabalhavam na profissão para a qual foram habilitados e isso provocava decepção na família. Os quatro estudantes já se angustiavam com a alta probabilidade de ficarem desempregados depois de formados, ou de serem obrigados a se conformar em trabalhar em outra função menos qualificada.

Se a constituição dos papéis familiares se deu em função da divisão social do trabalho e da participação do homem no processo produtivo com a reclusão da mulher ao desvalorizado trabalho doméstico, hoje já não é essa a realidade. Entretanto, o recente ingresso da mulher no mercado de trabalho do mundo extra-doméstico parece não ter transformado as relações intra-familiares, no que se refere ao relacionamento homem/mulher. Isto significa que, nos casos estudados, não é simplesmente o fato de os indivíduos do sexo masculino ganharem o dinheiro para a manutenção da casa que garante o seu poder familiar. Nos três casos em que as esposas trabalham, essa realidade não se altera. Há mesmo o caso de uma delas cujo salário é equivalente ao do marido, o que não impede ser ele considerado como senhor absoluto e como o único competente para gerir o dinheiro, inclusive o salário da esposa, que lhe é entregue integralmente. Embora a manutenção financeira da casa esteja dividida, o poder continua concentrado.

Em geral, o papel paterno é aquele que tudo administra no campo material, mas nada tem a ver com o campo emocional. Na quase totalidade dos casos, o pai é uma pessoa seca, mais fechada e, não raras vezes, qualificado de nervoso. É a pessoa com quem o diálogo dos filhos é difícil, ou mesmo impossível. Ele é o que não dá nada de afeto, mas dá tudo em dinheiro. A mãe, em geral, é definida pelo oposto: é mais calma, afetiva e próxima dos filhos. Em geral, é objeto de identificação dos filhos e é, como eles, dominada pelo pai. É ela a responsável direta pela educação dos filhos e pela vida espiritual da família. Enquanto o pai não é religioso, ou adota uma religião para as obrigações sociais, ela freqüenta e crê nas práticas religiosas. Todo o objetivo de sua vida é servir aos filhos e ao marido, o que significa cuidar da casa, da comida e da roupa deles, além de desempenhar o importante papel de mediadora dos conflitos. Assim, ela tende a ocupar uma função que, embora disfarçadamente, lhe dá bastante poder dentro do jogo familiar: coloca-se entre o pai e os filhos e é aliada, ao mesmo tempo, dos dois pólos em confronto. O seu poder, quando o exerce, é sempre sub-reptício, ele nunca se confronta com o poder paterno e nem se opõe aos filhos. Serve a ambos e por isso é sempre percebida como vítima e aliada natural dos filhos, embora muitas vezes atue como cúmplice do pai.

Se as relações dentro da família são de dominação e se o pai ocupa o papel de dominador, resta aos filhos o papel de dominados. Quase todos os sujeitos atribuem ao pai esse papel de dominação.

O momento da refeição familiar pode ser considerado paradigmático deste complexo de fatores afetivos e de poder produzido pela estrutura da família pequeno-burguesa. Vários componentes do grupo a ele se referiram, ou mesmo o dramatizaram. O clima nessa situação é tenso, o que às vezes é dissimulado pela atenção voltada para o aparelho de televisão ligado. Geralmente o pai se apresenta ''nervoso" e calado, recusando-se a conversar por considerar sem importância os temas abordados nessa situação. A mãe, apóstola da união familiar, ao mesmo tempo que se mostra feliz por ver a família reunida, está também preocupada com a possível eclosão dos conflitos entre o pai e os filhos, uma ameaça potencial constante. Aos filhos, resta a lamentação por sua própria impotência diante de uma situação que não conseguem mudar e da qual não podem se esquivar.

Há três princípios mais destacados que regem os relacionamentos familiares dos sujeitos: a) a padronização das condutas; b) a vitimação dos filhos; c) a dissimulação dos conflitos ou divergências.

O primeiro princípio é posto em prática através de todo o código de conduta familiar que, a partir das prescrições dos papéis familiares, determina a cada um o que fazer, em quais situações e diante de quais pessoas. Todos têm suas condutas previstas e é o cumprimento dessa previsão que garante a normalidade familiar. Faz parte desse código a obrigação dos filhos de obedecer e amar os pais (obedecer e amar são tidos como sinônimos), comportar-se corretamente de forma a promover o bom nome da família, ser bons alunos, estudiosos, e, posteriormente, ter sucesso familiar e profissional, se possível com algum destaque que vá orgulhar a família. Espera-se dos filhos que sejam competentes e independentes, mas não tão independentes a ponto de abandonarem os pontos de vista da família.

O pai deve ser trabalhador, honesto e, principalmente, não deixar faltar nada em casa. Deve servir de exemplo a ser seguido pelos filhos. Deve comandar o zelo pela honra familiar, visto que a manutenção da honra é obrigação de todos. No caso de André, o pai lhe dá uma surra porque sua conduta compromete a honra familiar. No caso de Helena o pai nunca bateu nos filhos, mas quando Helena coloca em risco a honra familiar é ele quem determina ao filho que bata na irmã.

A mãe deve ser virtuosa, dedicada, boa dona de casa, educadora e protetora dos filhos. Deve dar a eles todo o afeto de que eles precisem, bem como cuidar de sua saúde e alimentação. Nunca deve contestar abertamente o marido e deve se mostrar sempre abnegada. Pelos filhos faz qualquer sacrifício, mesmo que este não seja reconhecido. Por isso ela é mãe.

O segundo princípio, o da vitimação dos filhos decorre da polarização do poder nas mãos do pai. Todos os sujeitos se colocaram como vítimas do poder paterno. Na maioria dos casos a mãe era vista também como vítima do pai; em alguns outros ela era tida como sua cúmplice na dominação. Mas duas posições sempre foram fixas: a do pai dominador e a do filho dominado. O princípio da vitimação se expressa pelo sentimento de incômodo com a situação familiar ou com algum aspecto da vida familiar, acompanhado da impotência para transformar esta situação que incomoda. A causa desse mal-estar é atribuída ao pai, podendo ser ela intencional ou não. Em oposição ao pai, há o interesse contrário do filho, a vítima. Mas de que vale ter interesse em mudar a situação se o filho não tem o poder para tanto? Aí temos a ideologia operando dentro da família como variação particular da ideologia política dominante, segundo a qual apenas os poderosos podem, através do poder que detêm, mudar as situações nas quais os homens se encontram, pois somente esses podem fazer a História e que não adianta lutar contra eles. A vitimação é a concretização do conformismo e a aceitação da impossibilidade de mudanças nas relações familiares, que são consideradas imutáveis, naturais e eternas. Quando porventura o aumento do incômodo torna a situação do filho mais próxima do insuportável e com isso parece haver um aumento de disposição para a ação transformadora, esta é logo bloqueada por um inexplicável sentimento de impotência, pelo medo da reação que sua ação pode desencadear ou pelo sentimento de culpa. A consciência da situação é limitada à percepção do imediato e, sob a ação dissimulatória da ideologia, não atinge o plano concreto das relações históricas.

A ideologia, tal como se apresenta na família, atuando através do princípio de vitimação, impede os sujeitos de perceberem que a relação de dominação é estabelecida por um vínculo no qual os papéis de dominado e dominador se complementam, sendo impossível a existência de um sem o outro. Enquanto se percebe como vítima impotente do poder paterno, o filho não pode perceber que ele também é participante e que conjuntamente com o pai define o tipo de relação estabelecida com cada um membros da família e a estrutura do grupo familiar como um todo.[8]

A partir dessa representação da realidade familiar, os sujeitos passam a dissociar intenção e ação. Eles sentem-se incomodados com a situação de dominação e querem mudá-la, mas sua ação conformista e submissa apenas reforça a dominação, ou seja, faz exatamente o contrário do pretendido. Reconhece-se a necessidade da mudança, mas a ação acaba não existindo ou, quando existe, tem um

---

8. A aceitação do poder do tirano pelo oprimido e sua participação ativa na sustentação desse poder é um tema bastante atual, para cujo entendimento a teoria da complementação de papéis contribuiu bastante. No entanto, esta idéia já foi desenvolvida no século XVI por Etienne La Boétie. Ao refletir sobre a submissão de todo um país a um tirano ele diz: "No entanto, não é preciso combater esse único tirano, não é preciso anulá-lo; ele se anula por si mesmo, contanto que o país não consinta a sua servidão; não se deve tirar-lhe coisa alguma, e sim nada lhe dar; não é preciso que o país se esforce a fazer algo para si, contanto que nada faça contra si". (La Boétie, E. *O discurso da servidão voluntária*, São Paulo, Brasiliense, 1982, p. 14.)

caráter conservador. Várias vezes no grupo essa dissociação manifestou-se através do silêncio ou da conversa dissimulada, que impediu o desejo de falar de questões angustiantes para todos e pelas quais se estava ali.

O terceiro princípio, o da dissimulação dos conflitos ou divergências, ou mesmo dos sentimentos e pensamentos que possam denunciar esses conflitos, aparece em quase todos os casos estudados, sendo em alguns de forma mais intensa, e em outros de forma mais branda ou mais velada.

É o princípio da dissimulação, que age de forma sutil, como uma tendência a negar ou atenuar os sinais que indiquem uma discrepância entre o conceito idealizado de família e a realidade da família. Considera-se, por exemplo, que os filhos naturalmene gostam dos pais e quando algum comportamento ou sentimento expressa o contrário, tenta-se dissimular essa realidade. Quando a expressão é muito intensa e não pode ser dissimulada, parte-se para a desqualificação do seu agente. É o caso dos filhos que são estigmatizados como rebeldes, loucos, ou doentes. É pela ação do princípio da dissimulação que os sujeitos aprenderam a controlar e disfarçar a expressão dos sentimentos, pois quando estes iam de encontro à ideologia da harmonia familiar não podiam ser expressos sob o risco de colocar em perigo a própria família. Daí para a repressão de sentimentos que o sujeito julga colocar em perigo a família, basta apenas um passo. O princípio da dissimulação é a própria ideologia em ação com toda sua força: a substituição da realidade familiar pela idéia de família. A ideologia não só estabelece essa idéia de família como algo natural e universal, como cuida para que ela seja aceita e para que as manifestações que contradizem essa aceitação sejam provocadoras de desconforto para aquele que as manifesta.

Era comum aparecer, durante as sessões grupais, expressões dos sujeitos que tentavam "proteger" suas famílias, isto é, tentar apresentá-las como uma família normal, negando suas contradições. Mais de um sujeito disse que, apesar de sua família ter problemas, ele achava que não eram tão graves quanto os dos colegas. E não raras vezes expressões como "família é assim mesmo", "é assim que tem que ser", "filhos são todos assim", tornaram evidente essa necessidade de substituir a realidade pela idéia de família.

Face a essas considerações, poderia ficar a impressão de ser a família, ou pelo menos a família pequeno-burguesa, ruim em si mesma. Mas ela não é nem ruim nem boa, pois assim considerá-la seria fazer um julgamento moral e não científico. Ela é uma instituição social adequada a seu tempo, isto é, determinada pelas condições históricas do espaço e do tempo em que ela se situa. É claro que a família pequeno-burguesa desempenha um papel importante em termos da satisfação afetiva de seus componentes e, em alguns momentos, ela pode funcionar segundo o ideal de Helena, ao ser o último refúgio onde o indivíduo se sente protegido e amado. Isso, porém, não é uma constante pois sua importante função como instituição é, antes de tudo, a de educar, ensinar o certo e o errado, segundo a ideologia dominante.

As condições históricas fizeram da família moderna, ou mais especificamente da família pequeno-burguesa, um contexto onde a vida emocional é mais intensa, onde as relações afetivas ganham uma dimensão toda especial, retirando da comunidade e circunscrevendo a si mesma quase que a totalidade das trocas afetivas. São essas mesmas condições históricas que a impedem de satisfazer plenamente essas necessidades. Como instituição social, ela reproduz as principais contradições da macrossociedade em que se insere e suas funções se ajustam ao funcionamento desta. Ela é o espaço do aprendizado inicial dos papéis sociais, isto é, nela o filho começa a aprender a ser futuro cidadão. Numa sociedade fundada sobre a exploração e a dominação — que é fundamentalmente de uma classe por outra, mas que se reproduz em todas as relações da vida do cidadão (na escola, no trabalho, no clube, na Igreja) —, como pode a família existir, sem reproduzir essa relação de dominação? Como pode ela ensinar a autonomia e a liberdade, se é sua função preparar os seus membros para a vida rotineira, na qual a crítica e a liberdade são consideradas perigosas? Como ensinar a solidariedade, se ela acredita no individualismo burguês, que vê o outro como um concorrente a ser vencido na corrida pelo sucesso na vida?

Enfim, a família poderá vir a ser um espaço no qual se possa receber incondicionalmente afeto e proteção, quando não mais tiver como prioritária sua função moralizadora. Nela deverá predominar a solidariedade, quando as relações sociais externas a ela forem mais marcadas pela solidariedade e pela tolerância do que pela exploração e a dominação. Cabe à ciência desmitificar a suposta perenidade desta sociedade e da família por ela engendrada. Cabe ao psicodrama, dentro de suas limitações, lutar contra a perpetuação desses mesmos mitos.

BIBLIOGRAFIA

ALMEIDA, Maria Suely Kofes *et alii*. *Colcha de retalhos: estudos sobre a família no Brasil*. São Paulo, Brasiliense, 1982.

ALTHUSSER, Louis. *Ideologia e aparelhos ideológicos do Estado*. Tradução de Joaquim José de Moura Ramos. Portugal, Presença/Brasil, Martins Fontes, 1974.

ANZIEU,D. & MARTIN, J. Y. *La dinámica de los grupos pequenos*. Traduzido do francês por Marina E. Arater de Hombria. Buenos Aires, Kapelusz, 1971.

BATESON, G. *et alii*. *Interacción Familiar*. Tradução de Noemí Rosemblat. Buenos Aires, Tiempo Contemporáneo, 1974 (Colección Fundamentos).

BLEGER, Jose. *Temas de Psicologia: entrevista y grupos*. 7ª ed. Buenos Aires, Nueva Vision, 1977.

BOÉTIE, Etienne La. *Discurso da Servidão Voluntária*. Tradução de Laymert Garcia dos Santos. São Paulo, Brasiliense, 1982. (Coleção Elogio da Filosofia).

BUSTOS, Dalmiro Manuel. *O teste sociométrico: fundamentos, técnica e aplicações*. Tradução de Antonio Marcello Campedelli. São Paulo, Brasiliense, 1979.

BUSTOS, Dalmiro Manuel. *Psicoterapia Psicodramática*. Buenos Aires, Paidós, 1975.

CANEVACCI, Massimo (org.). *Dialética da Família*. Trad. Carlos Nelson Coutinho. São Paulo, Brasiliense, 1982.

CHAUÍ, Marilena. *Cultura e democracia: o discurso competente e outras falas*. São Paulo, Moderna, 1981.

CHAUÍ, Marilena. *O que é ideologia*. 2ª ed. São Paulo, Brasiliense, 1981 (Coleção Primeiros Passos).

COOPER, D. *La muerte de la familia*. Tradução de Silvia Costa. Buenos Aires, Paidós, 1972. (Biblioteca Mundo Moderno).

COSTA, J. F. *Ordem médica e norma familiar*. Rio de Janeiro, Graal, 1979. (Biblioteca de Filosofia e História das Ciências; V. nº 5).

ENGELS, F. *A origem da família, da propriedade privada e do Estado*. Rio de Janeiro, Vitória, 1964.

FONSECA FILHO, J. S. "El psicodrama y la psiquiatria: Moreno y la antipsiquiatria", *Momento*, 3 (4 e 5): 39-45, Ago. 1977, La Plata, Argentina.

FOUCAULT, Michel. *Vigiar e punir: história da violência nas prisões*. Traduzido do francês por Ligia M. Pondé Vassallo. Petrópolis, Vozes, 1977.

HARNECKER, Marta. *Conceitos elementais do materialismo histórico*. Santiago, Faculdade de Economia e Sociologia da Universidade do Chile, 1973.

LAING, R. D. *A política da família*. Tradução de João Grego Esteves. Lisboa, Portugália, 1973.

LAING, R. D. e ESTERSON, A. *Sanidade, Loucura e Família*. Tradução de Renato D. Társia. Belo Horizonte, Interlivros, 1980.

LUKÁCS, G. *História y consciencia de clase*. Traduzido por Manuel Sacristán. Barcelona, Grijalbo, 1975. (Colección Instrumentos).

MARCUSE, H. *Eros e Civilização: uma interpretação filosófica do pensamento de Freud*. Tradução de Alvaro Cabral. Rio de Janeiro, Zahar, 1972.

MARX, K. & ENGELS, F. *La ideologia alemana*. Traduzido do alemão por Wenceslao Roces. 4.ª ed. Buenos Aires, Pueblos Unidos, 1973.

MARX, K. *O capital*, livro 1, volume 1. Tradução de Reginaldo Sant'Anna. Rio de Janeiro, Civilização Brasileira, s. d.

MARX, Karl. *O 18 brumário de Luiz Bonaparte*. Rio de Janeiro, Escriba, 1968.

MILAN, Betty. *O jogo do esconderijo: terapia em questão*. São Paulo, Livraria Pioneira Editora, 1976. (Coleção Novos Umbrais).

MORENO, J. L. *Las bases de la psicoterapia*. Traduzido do inglês por Dr. Mario Carlisky. Buenos Aires, Hormé, 1967.

MORENO, J. L. *Fundamentos de la sociometria*. Traduzido para o espanhol por J. Garcia Bouza e Saúl Karsz. Buenos Aires, Paidós, 1972.

MORENO, J. L. *Psicodrama*. Traduzido por Daniel Ricardo Wagner. 2.ª ed. Buenos Aires, Hormé, 1972.

MORENO, J. L. *Psicoterapia de grupo e psicodrama*. Traduzido do alemão por Dr. Antonio C. Mazzaroto Cesarino Filho. São Paulo, Mestre Jou, 1974.

MORENO, J.L. *Sociometry, experimental method and the sciences of society: an approach to a new political orientation*. Beacon, N. Y., Beacon House Inc., 1951.

NAFFAH, Neto, Alfredo. *Psicodrama: descolonizando o imaginário*. São Paulo, Brasiliense, 1979.

NAFFAH Neto, Alfredo. *Psicodramatizar*. São Paulo, Ágora, 1980.

POSTER, M. *Teoria crítica da família*. Traduzido por Álvaro Cabral. Rio de Janeiro, Zahar, 1979.

REICH, W. *Materialismo dialético e psicanálise*. Tradução de Joaquim José de Moura Ramos. 2ª ed. Lisboa, Presença. s.d.

REICH, W. *A revolução sexual*. Tradução de Ary Blaustein. 2ª ed. Rio de Janeiro, Zahar, 1974.

REICH. W. *Psicologia de masas del fascismo*. Traduzido do alemão por Agrippa Mena. Buenos Aires, Latina, 1972.

REIS, José Roberto Tozoni. "Família, emoção e ideologia", *in* LANE, Silvia T. M. e CODO, Wanderley (orgs.). *Psicologia Social — O homem em movimento*. São Paulo, Brasiliense, 1984. pp. 99-124.

VADÉE, M. *L'ideologie*, Paris, PUF, 1973.

Leia também

ÉDIPO
Psicodrama do destino
Altivir João Volpe

Um psicodramatista se volta para a análise da Grécia arcaica, da tragédia e das artimanhas dos deuses do Olimpo e demonstra que, em pleno século XX, nossas civilizações permanecem ligadas. Relacionando o *inconsciente* com a idéia de destino, Volpe nos propõe uma leitura original da tragédia grega.

JACOB LEVY MORENO
1889-1974
Pai do psicodrama, da sociometria e da psicoterapia de grupo
René F. Marineau

O primeiro livro a examinar a história de Moreno na Europa, assim como os anos passados nos Estados Unidos. Através de entrevistas com pessoas que o conheceram e pesquisas feitas nos arquivos de Viena, Marineau nos oferece um retrato deste homem excepcionalmente criativo e iluminado e nos apresenta uma nova maneira de compreender Moreno.

MULHER, PARTO E PSICODRAMA
Vitória Pamplona

Este trabalho pioneiro apresenta a possibilidade de realização de partos criativos, espontâneos e tranqüilos através de uma metodologia de preparação de gestantes que se utiliza de técnicas psicodramáticas. A quebra de tabus como o da dor e do medo do parto coloca uma nova realidade para as mulheres e oferece-lhes uma opção e uma qualidade de vida mais saudáveis.

PSICODRAMA
Inspiração e técnica
Paul Holmes e Marcia Karp (org.)

Os psicoterapeutas precisam de inspiração para trabalhar com as emoções humanas? Quais as novas técnicas que podem ser usadas para resolver dificuldades no trabalho com grupos? As respostas a estas questões aparecem aqui de uma forma honesta e pessoal, através de trabalhos com adolescentes, crianças autistas, anoréxicos, vítimas de abuso sexual, alcoólatras e pacientes terminais de câncer, fornecendo-nos um conjunto abrangente e permitindo uma visão global do estágio atual do psicodrama no mundo.

O TEATRO PEDAGÓGICO
Bastidores da iniciação médica
Arthur Kaufman

O autor defende a idéia de que um diagnóstico rápido e um enfoque correto é tão importante quanto a relação entre médico e paciente para o sucesso de um tratamento. Ele considera que esta conexão é em si um aspecto fundamental da descoberta da saúde e de sua manutenção.

PAIXÕES E QUESTÕES DE UM TERAPEUTA
Alfredo Naffah Neto

Reunião de textos em que o autor relata sua evolução profissional como psicodramatista, o peso da influência nietzschiana, novas experiências profissionais e aspectos de seu agir terapêutico.

Impresso na
**press grafic
editora e gráfica ltda.**
Rua Barra do Tibagi, 444 - Bom Retiro
Cep 01128 - Telefone: 221-8317